「鼻呼吸」に変えるだけで、
あなたのウエストに奇跡が起こる
「くびれ」マジック

マダム由美子
Madame
Yumiko

きずな出版

はじめに――

「くびれ」の秘密は「鼻呼吸」にある

「くびれ」と聞くと、どんな言葉が浮かびますか?

間髪《かんはつ》いれずに、

「欲しい!」

と答えてくださったのは、私のサロンに通ってくださっているKさんです。

けれども、すぐに、

「でも、無理なんです!」

とキッパリ。あまりの潔《いさぎよ》さに思わず笑《えみ》をこぼしてしまいました。

けれども放ってはおけません。

なぜなら、「無理」ではないからです。

はじめに

「くびれ」の秘密は「鼻呼吸」にある

女性のウエストは、たいてい、くびれています。

「太っている」という方でも、バストやヒップよりも、ウエストのほうが細いでしょう。

けれども、出産したり、年を重ねたりするうちに、いつのまにか、以前よりもウエストのまわりに贅肉《ぜいにく》がついてしまったと感じる方は多いでしょう。

それを気にして、ウエストまわりが隠れるような服ばかりを選んでしまうという方も少なくありません。

でも、「くびれ」は取り戻すことができるのです。

それも、思いがけないほど簡単な方法で！

◉──「くびれ」ができていく奇跡

私がバレエの要素を取り入れた「美のメソッド」をお伝えするようになって、15年になります。これまで直接では5000人以上の方に指導してきました。

「100歳までウイ！　エレガンス！」──何歳になってもエレガントな生活は実践できるということを掲《かか》げて、美しい立ち居振る舞いを身につけるためのお手伝いをさせていただいています。

そのレッスンを進める中で、生徒さんたちに共通して起こった変化があります。

それが「くびれ」でした。

私のレッスンは、ダイエットを目的とするものではありません。

立つ姿勢、歩く姿勢、座る姿勢を整えて、健康的でエレガントな日常を送りたいという生徒さんがほとんどです。

その生徒さんたちに、「くびれ」ができはじめたのです。

いちばん大きな変化が起きた方は、ウエストが25センチも細くなりました。

なぜ、そんな「奇跡」が起きたのでしょうか？


その答えは「鼻呼吸」にありました。


「そんなの信じられない！」

という声が聞こえてきそうです。

でも、じつはバレリーナであれば無意識にしているのが「鼻呼吸」なのです。

「鼻呼吸」は、それだけで、からだのバランスを保つ効果があります。

睡眠時のいびきの抑制《よくせい》、喉《のど》の乾燥防止のための「鼻呼吸テープ」が市販されていますが、これは口呼吸から鼻呼吸に誘導する効果があります。

口呼吸は体内に雑菌やウイルスが入りやすく、そのためにアレルギーなどを引き起こすこともあるようです。からだをよい状態に保つには、口呼吸よりも鼻呼吸のほうが有効だということです。

私のレッスンで正しい姿勢に戻すことに取り組んだ生徒さんたちに、知らず識《し》らず、鼻呼吸が習慣化したのです。それが、「くびれ」につながりました。

「くびれ」が欲しいと思っても、運動したり食事制限したりする自信はない。そういう方が多いでしょう。

でも、そんな制限が必要ないとしたら？

そう、鼻呼吸に変えるだけで、あなたの「くびれ」にも変化が起こります。

◉――1ヶ月で11号から7号に変わったMさんの体験

生徒さんの1人であるMさんは30代半ば。忙しい仕事を抱え、職場と自宅の往復のみの生活で、ピリピリした日々を送っていました。

いつのまにかウエストまわりに贅肉がついて、それをダボッとした服でごまかしていました。

そんなある日、職場の同僚の男性から、

「お腹を突き出して歩いて、まるで、おっさんみたいだね」

と言われてしまいます。

親しさゆえの冗談《じょうだん》だったのでしょうが、Mさんは鏡を見て、「このままじゃいけない」と思い、私のサロンにいらしたのでした。

そんなMさんにオススメしたのが「鼻呼吸」です。

ただでさえ忙しいMさんが、無理な運動や食事制限を長く続けていくのは難しいでしょう。

なにより、Mさんはそれでなくても頑張りやさんで、これ以上に頑張れというのは酷《こく》な話です。

まずは呼吸を整えて、内面から変えていくのがいいと思いました。

鼻呼吸は、すぐに簡単にできますし、からだを整えてくれるだけでなく、心のシェイプアップまでもたらしてくれ、心身がリラックスできる素晴らしい呼吸法だからです。

Mさんは「鼻呼吸?」と最初は半信半疑な様子でしたが、

「鼻呼吸だったら、忙しい勤務中でも、できそうな気がします。

まずは、鼻呼吸からやってみます」

と嬉しそうに答えてくれました。

「頑張らず、1日1分から始めてくださいね。

気がついたときだけでいいですよ」

と彼女に念押しして、レッスンをスタートしました。

Mさんからのご報告によれば、最初の2～3日は、1日1回、それも30秒ぐらいしかできなかったそうです。

けれども1ヶ月くらいすると、自然と1日のうちに何度も鼻呼吸ができるようになり、ウエストが細くなり、洋服のサイズが11号から7号に変わったそうです。

そうなると、女性らしいおしゃれがしたいという気持ちが生まれて、いままで着たこともなかったような色の服を着たり、イヤリングやネックレスを着けるようになったそうです。

◉——からだのバランスを整えたら、痩《や》せて見える

誰でも、いつでも、どこでもできる「鼻呼吸」。

これを習慣化できたら、からだのバランスが整っていきます。

バランスが整うと、からだから不要なものが削《そ》ぎ落とされていきます。

贅肉にも、さよならできるでしょう。

鼻呼吸は「くびれ」ができるだけでなく、たくさんのよいことが、あなたのか

らだや環境に起こってきます。
あなたにも素敵な奇跡が起きますように。
さあ、これからご一緒に、「くびれ」を取り戻しにいきましょう。

目次 Contents

第2章 「くびれ」に魔法をかける
――バレエの要素を取り入れたエクササイズ

第3章 「華奢」に見せるテクニック
――ウエスト以外の「くびれ」に注目！

付録
ファッションで「くびれ」マジック
——美の黄金律で、おしゃれを楽しむ

おわりに——
「くびれ」はエレガントな人生の始まり

「鼻呼吸」に変えるだけで、

あなたのウエストに奇跡が起こる

「くびれ」マジック

第1章

「口呼吸」から「鼻呼吸」に

呼吸のしかたを変えるだけで
「くびれ」ができる

誰にでも簡単にできる鼻呼吸。
鼻呼吸で、ウエストに「くびれ」を
つくることができる!
その理由から、お話ししていきましょう。

なぜ鼻呼吸がウエストを細くするのか

まずは、鼻呼吸でウエストに「くびれ」ができる秘密について、具体的な3つのからだの変化を示しながら、お話しします。

「正しい鼻呼吸」をすると、

①「お腹」が凹《へこ》みます
②「背中」に、ぎゅっと力が入り、背筋が伸びます
③「肋骨《ろっこつ》（あばら骨）」と「骨盤《こつばん》」の間に「隙間《すきま》」ができます

この隙間ができたら、ウエストに「くびれ」のクセがつき始めている状態です。

この隙間を、私は「くびれの型」と呼んでいます。

鼻呼吸を導入することで、まずは「くびれの型」をウエストにつくります。

本当に「くびれ」のあるウエストにするために環境を整え、ウエストがくびれるための地ならしをしている状態です。

なぜ、このような環境をつくる必要があるのか……それは、ウエストに、この「くびれの型」という環境をつくれば、やみくもにハードな運動をしなくても、日常生活の動きだけで、効率よく、簡単に、ウエストに「くびれ」をつくることできるからです。

あなたは、鼻呼吸できていますか？

一般的に、現代の日本人の7〜8割の人が「口呼吸」をしているといわれています。その理由として、食生活や生活習慣などの変化が挙げられます。

口呼吸の人が増えてきている原因の一つに、昔に比べて硬いものをあまり食べなくなった食生活が挙げられています。

そのため、咀嚼《そしゃく》の回数が減り、口のまわりの筋肉が低下しはじめ、口を閉じる筋肉までも弱くなり、口を開けた状態の口呼吸をする人が増えてきている傾向があるようです。

「鼻呼吸と口呼吸のどちらを、していますか?」

いろいろな方にたずねてみると、自分では、意識していなかったけれど、いままで口呼吸で過ごしていた、という方が、意外と多いです。

口をポカンと開けている状態の「ポカン顔」。

無意識のうちに、意外と、多くの方がしている表情です。

見た目は、あまり美しい表情とは言えませんね。

口呼吸は、見た目の美しさに影響があるばかりか、健康面にもデメリットをもたらすといわれています。

口を開けて呼吸すると、空気中の細菌やウイルスが侵入しやすいため、当然のことながら、口内の乾燥を呼び、喉の炎症、虫歯や歯周病、嚥下《えんげ》障害、いびき、アレルギー性鼻炎などの原因になるということもわかってきています。

一般的に、鼻呼吸は、口呼吸より、はるかに私たちの健康を守ってくれます。

鼻毛がフィルターの役割を果たすことで、空気中の細菌やウイルスがからだに侵入するのを防いでくれ、さらに鼻の加湿効果によって、肺に優しい空気が届けられます。

鼻呼吸がクセになると、免疫力がアップし、健康面にもよい効果をもたらします。

女性を美しくする「鼻呼吸」の効果

鼻呼吸は、健康によいだけではありません。

口呼吸を続けていると、口のまわりの筋肉が緩《ゆる》み、二重あごになったり、歯並びへの悪影響があるといわれています。

鼻呼吸にすると口元が締まり、筋肉も鍛えられるため、スッキリとした小顔の印象がアップしていきます。

そして鼻呼吸は、コアな内臓筋の活性化や、代謝力のアップ、さらには、私たちのからだの中に、美しいスタイルをもたらしてくれる美的感覚までも、磨いてくれる素晴らしい呼吸法なのです。

誰でも生きていくために自然と行っている「呼吸」を、「鼻呼吸」に意識してみる。これだけで、ウエストに「くびれ」をつくり、健康にもなれるのが、鼻呼吸の素晴らしさです。

鼻呼吸は、実際にしてみるとわかりますが、空気が、鼻腔《びくう》を通り、眉毛がちょっと上がり、顔全体の筋肉を真ん中に集める運動が始まりますので、顔がキリッと締まってきます。

逆に、口呼吸をしていると、しだいに唇を閉める筋肉が緩んでくるため、シワやたるみの原因にもなり、老《ふ》け顔になりやすいともいわれています。

つまり、鼻呼吸で、小顔をつくることもできるのです。


そんなたくさんのよいことをもたらしてくれる鼻呼吸。

さっそく、鼻呼吸に変えてみよう！

と思いたいところですが、いままで、口呼吸だった習慣がついていると、鼻呼吸のやり方がわからない、という方もいらっしゃるかと思います。


そこでいまから、「鼻呼吸の正しいしかた」をご説明いたしましょう。

行ってみると、簡単すぎて驚かれると思います。

でも、その簡単な「正しい鼻呼吸」が自然にできるようになることが「くびれマジック」を叶える大きなカギです。

正しい鼻呼吸のしかたについて

さあ、これから、私と一緒に、鼻呼吸にトライしてみましょう。

鼻先をやや上に向けて、口を閉じ、鼻から息を3秒で吸います。

口から呼吸をするよりも、鼻から呼吸をしたときのほうが、空気が鼻腔を通り、眉毛がちょっと上がり、おでこに抜けてエネルギーが、ギューッと、顔やからだの中心に集まるような感覚になりませんか？

そして多くの酸素をからだに取り込めているように、感じませんか？

正しい「鼻呼吸」のしかた

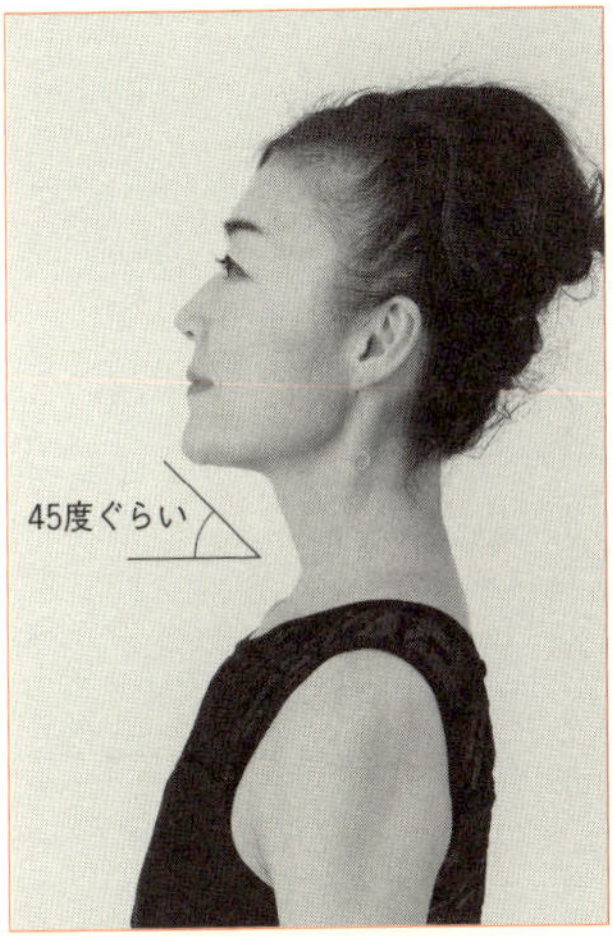

1 鼻先をやや上に向ける

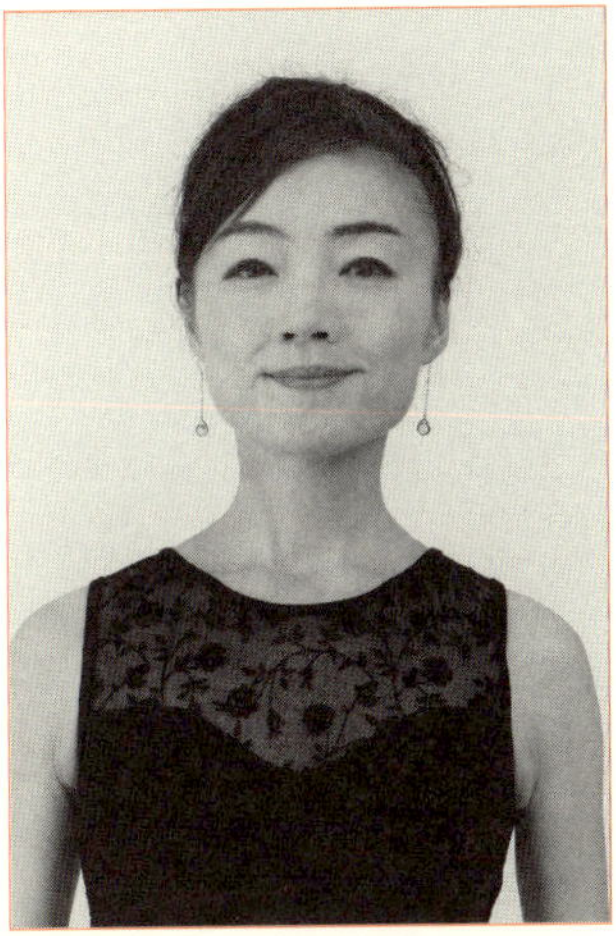

2 口を閉じて、鼻から息を3秒で吸う

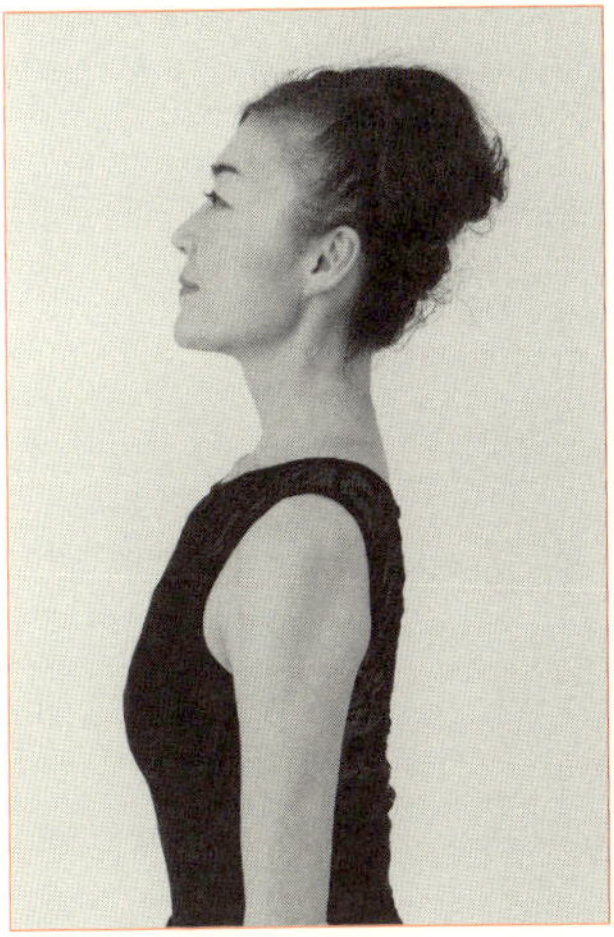

3 吐くときも口を閉じて鼻から3秒

「胸を突き出しすぎない」
「腰は反らない」

「鼻呼吸」は、「吸うときだけでなく、吐くときも」がポイント。

このとき、胸を張って突き出しすぎると、からだの奥深くから、呼吸がしづらいので、気をつけてくださいね。

そして吐くときも、口を閉じて、3秒で、鼻から息を吐きます。

意外と多いのが、鼻から息を吸うことはできていたけれど、鼻から息を吐くことはしていなかった、という方です。

「鼻呼吸」の正しいやり方では、吐くときも鼻から息を吐くことが、とても大切です。

最近では、鼻呼吸が自然と生活の中で、できるようになるために、「鼻呼吸テープ」が、薬局などで多く売られています。

鼻呼吸がうまくできないという方は、このようなグッズを口に貼って、鼻呼吸のクセづけに利用してみることもオススメです。

鼻呼吸テープは、夜眠る前に口に貼っておくと、眠っている間に鼻呼吸へと導いてくれます。

そして、口や喉の渇き、いびきの軽減など、安眠へ導いてくれ、平均3週間ほどで、鼻呼吸の習慣が体感できるようになるようです。

鼻呼吸は、自分でそれを意識するだけで、いますぐ、いつでもできます。
今日から、口呼吸から鼻呼吸に変えて、あなたの心身にたくさんのメリットを増やしてみませんか？

第2章

「くびれ」に魔法をかける

バレエの要素を取り入れたエクササイズ

「鼻呼吸」を意識しながら、
あなたのウエストに「くびれ」をつくっていきましょう。
どんなエクササイズも、無理をしないことです。
からだも時間も、
負担をかけすぎないでできることが一番です。

「くびれ」をつくるのにダイエットは必要ない

鼻呼吸に加えてもう一つ、ウエストに「くびれ」ができるための秘訣をお話ししましょう。

それは、ウエストに「くびれ」をつくるのに有効な「脊柱起立筋《せきちゅうきりつきん》」を機能させることです。

この「脊柱起立筋」は「くびれ筋」といってもよいほど、私たちのウエストラインをつくるのに、とても大切な筋肉です。

脊柱起立筋は背中の筋肉で、別名「姿勢を保つ筋肉」といわれており、姿勢を保つためにも、大きな役割を果たしている筋肉です。猫背になってしまうのは、こ

「くびれ」をつくる「脊柱起立筋」

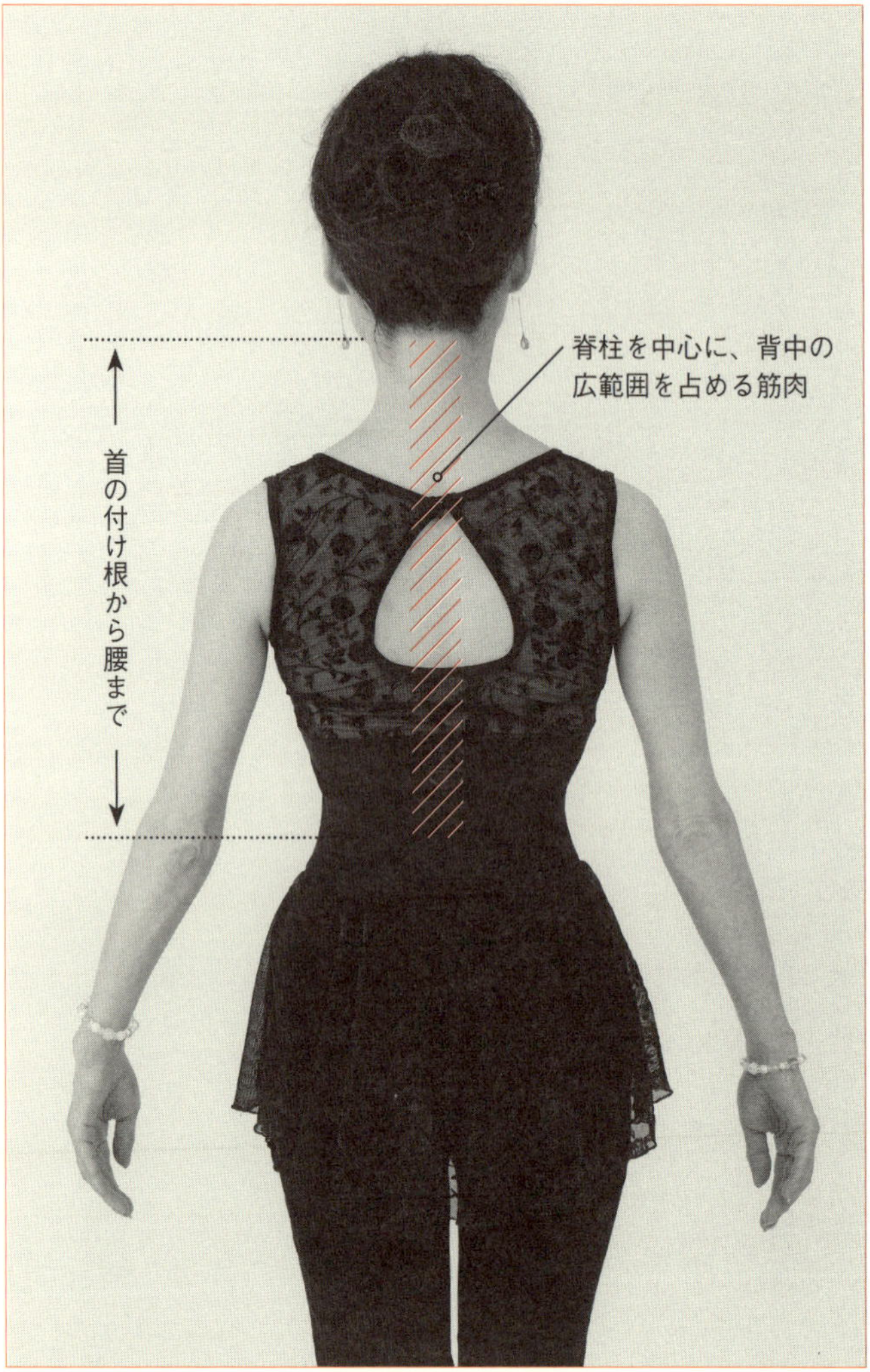
脊柱を中心に、背中の
広範囲を占める筋肉
首の付け根から腰まで

の「脊柱起立筋」がうまく使われていないからです。

この「脊柱起立筋」の存在を知って、意識するだけで、丸まっていた背中が、ピンと張って、それが「くびれ」につながっていきます。

痩せているのに、お腹だけがたるんでしまうという方は、「脊柱起立筋」が使いきれていないために、そうなっていることが多いのです。

「くびれ」に必要なのは、「脊柱起立筋」を機能させることです。

逆にいえば、それだけでポコンと出たお腹が凹むとしたら、それを使わないのはもったいないですよね。

「でも、どうすれば『脊柱起立筋』を使えるようになるでしょうか」

この筋肉を目覚めさせてくれるのが、「鼻呼吸」です。

車を動かすのにガソリンが欠かせないように、〝「脊柱起立筋」には「鼻呼吸」〟といっていいほど、「くびれ」にとって大切な1セットなのです。

「鼻呼吸」と「脊柱起立筋」を活用する

「鼻呼吸」によって「脊柱起立筋」をうまく稼働《かどう》させれば、キツい運動や食事制限、ダイエットなどをすることなく、「くびれ」ができていきます。

「脊柱起立筋」は、鍛えることにより基礎代謝と脂肪燃焼効果を上げるのに高い働きをします。つまり、ダイエットには最強の筋肉といっても過言ではありません。

口呼吸から鼻呼吸に変えるだけで、これまで意識することもなかった「脊柱起立筋」が目覚めて、その結果、あなたのウエストに「くびれ」が戻り、姿勢を整えて、バランスのよい美しいからだのラインをつくっていきます。

そして、からだの姿勢が変わることで、心の姿勢までも変わっていく。それまでよりも、自分に自信を持って、自分の好きなことに取り組んでいけるようになる。それこそが、私があなたにお伝えしたい「くびれマジック」です。


私はこれまで「バレリーナスタイル」を日常に取り入れることを提唱してまいりました。

バレリーナといえば、ウエストがキュッと引き締まり、姿勢がよいという印象をもたれる方が多いでしょう。

その印象の通り、バレリーナで「くびれ」のない人はいません。

それはどうしてでしょうか？


「もともと痩せている人に、『くびれ』があるのは当然」

「バレリーナと『普通の自分』が同じようになれるはずがない」

あなたは、そんなふうに思っていらっしゃるのではありませんか。


たしかに、何もしないでは、バレリーナのようにはなれないかもしれません。

でも、バレリーナがもともと痩せているかというと、じつは、そんなことはありません。

細く、華奢《きゃしゃ》に見えるバレリーナですが、じつは筋肉がしっかりついているので、体重が軽いかというと、そうとはかぎりません。

それなのに細く華奢に見える要因は、あのウエストの「くびれ」にあると思いませんか？


バレリーナは「鼻呼吸」と「脊柱起立筋」を、1セットにして活用し、美しいボディづくりをしています。

「くびれマジック」のメソッドは、バレエの要素を取り入れているのが特徴ですが、バレエをまったく知らなくても、踊れなくても大丈夫です。

鼻呼吸を習慣化すれば、立派な「くびれ」がウエストにできていきます。

まずは1日、気づいたときだけ鼻呼吸をしてみる

鼻呼吸をするだけで、Tシャツにジーンズなどシンプルな装いが、スタイルよく格好よく見えてくる整ったからだになっていきますので、嬉しいことが、あなたにたくさん起こってきます。

つらく激しい運動をしなくても、「鼻呼吸」で「脊柱起立筋」を目覚めさせ、鼻呼吸を意識して生活をしていけば、誰でも、背中の筋肉が機能しはじめ、「くび

れ」ができていきます。

ではご一緒に、「鼻呼吸」をしながら、あなたのウエストに「くびれ」をつくっていきましょう。27ページの「正しい鼻呼吸」のしかたのおさらいです。

(1) 鼻先をやや上に向けます。

下を向くと「脊柱起立筋」の目覚め度が半減します。

鼻先をやや上に向けますが、胸を突き出さないよう、ご注意くださいね。

(2) 口を閉じて、鼻から息を3秒で吸います。

いま、空気が鼻腔を通り、眉毛がちょっと上がり、おでこに抜けてエネルギーがギューッと、からだの中心に集まるような感覚になりませんか?

さらに、いま、あなたのウエストに隙間ができているのが、わかりますか?

お腹が凹み、腹筋に力が入り、脊柱起立筋が上に引き上がり、肋骨と骨盤の間に隙間（くびれの型）ができている状態です。

（3）次に、口を閉じたまま、鼻から息を吐きます。

口から息を吐くときよりも、上に引きあげられた背中の筋肉とお腹の筋肉が、大きく下がり落ちることなく、キープできやすくありませんか？

口からハーッと息を吐くと、背中の筋肉とお腹の筋肉は、脱力感とともに、思いっきり下に、だらんと垂れ下がる感覚が感じられると思います。


いかがでしょう。

鼻呼吸が、あなたのからだに「くびれの型」をもたらしてくれている状態を、いま、からだで少し感じていただけたでしょうか？

これが、鼻呼吸によって「くびれの型」がウエストに生まれ、「くびれ」のあるからだに導いてくれる、素晴らしいメカニズムなのです。

鼻呼吸を立って行うと、腰が高い位置に上がったような「腰高な自分のからだ」を少し感じていただけるはずです。

「鼻呼吸」の導きによって「脊柱起立筋」が目覚め、動きはじめ、さらには、お腹まわりにまで筋肉運動をもたらしてくれます。

ウエストについてしまった贅肉を、まずは、鼻呼吸でほぐし、動きやすくし、「くびれ」の環境をつくっていくというわけです。

また、不思議ですが、鼻呼吸をすると鼻が通って、心が落ち着いていきます。鼻呼吸で、心の贅肉までも削ぎ落としてしまえば、からだも気持ちもスッキリします。

前や後ろから見たときに、ウエストにカーブ（曲線）が描かれて凹凸ができ、自然な「くびれ」ができるという型です。

やみくもに運動をしなくても、「口呼吸」から「鼻呼吸」に変えるだけで、「くびれの型」のクセがつきます。

最初は、「すぐに元に戻ってしまう」と感じますが、少しずつ、その型はからだに刻《きざ》まれて、「くびれ」があるのが普通になっていきます。

日常生活に鼻呼吸を取り入れれば、立ったり、座ったり、歩いたりするだけで、十分「くびれマジック」が、あなたに起きてくるのです。

眠っている間にも魔法はかけられる

鼻呼吸をしていれば、眠っている間にも、「くびれの型」がつくられます。

「くびれの型」のクセをつける

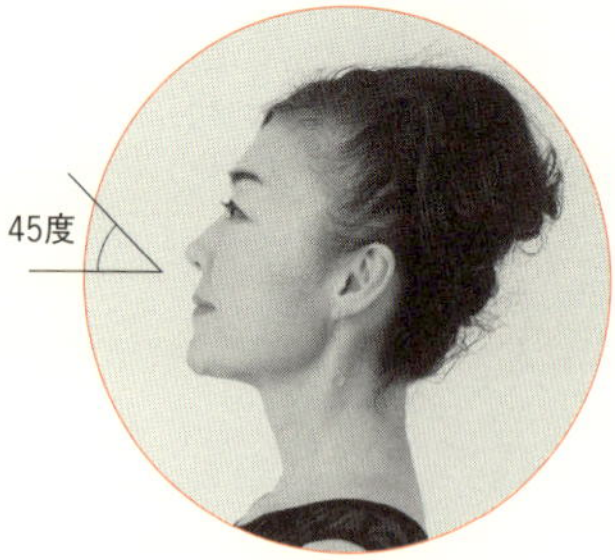
45度

1 鼻先は、やや上に

くびれのカーブ
（凸凹）ができる

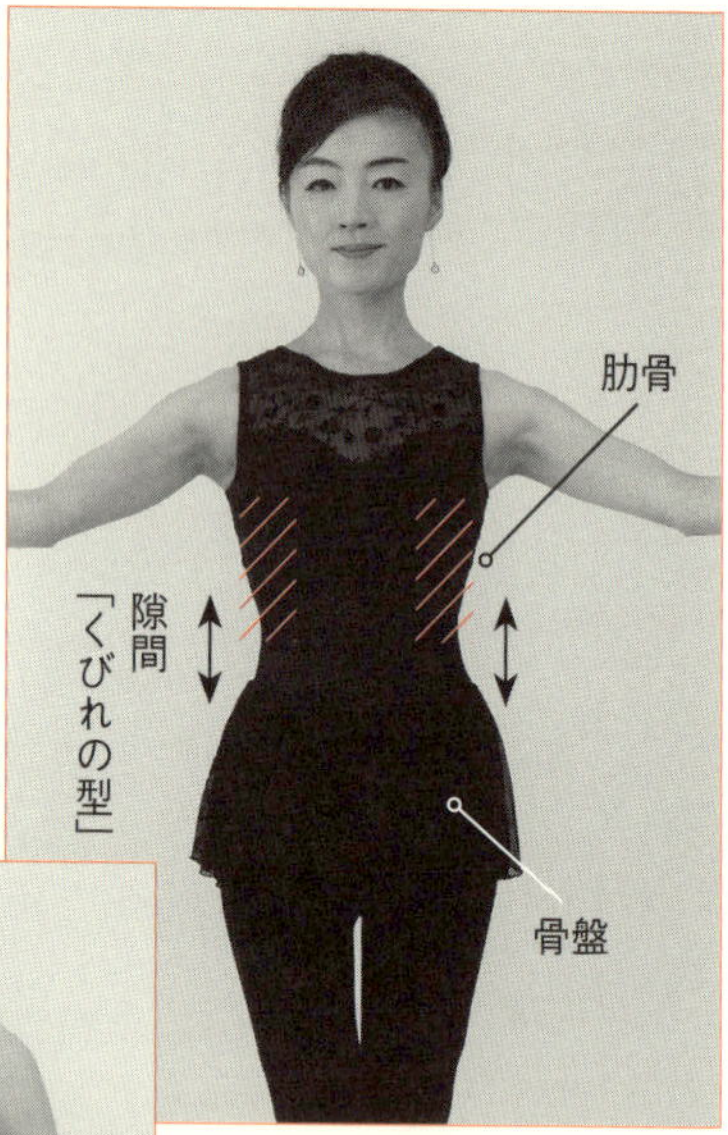
肋骨
隙間
「くびれの型」
骨盤

2 鼻で吸う（3秒）

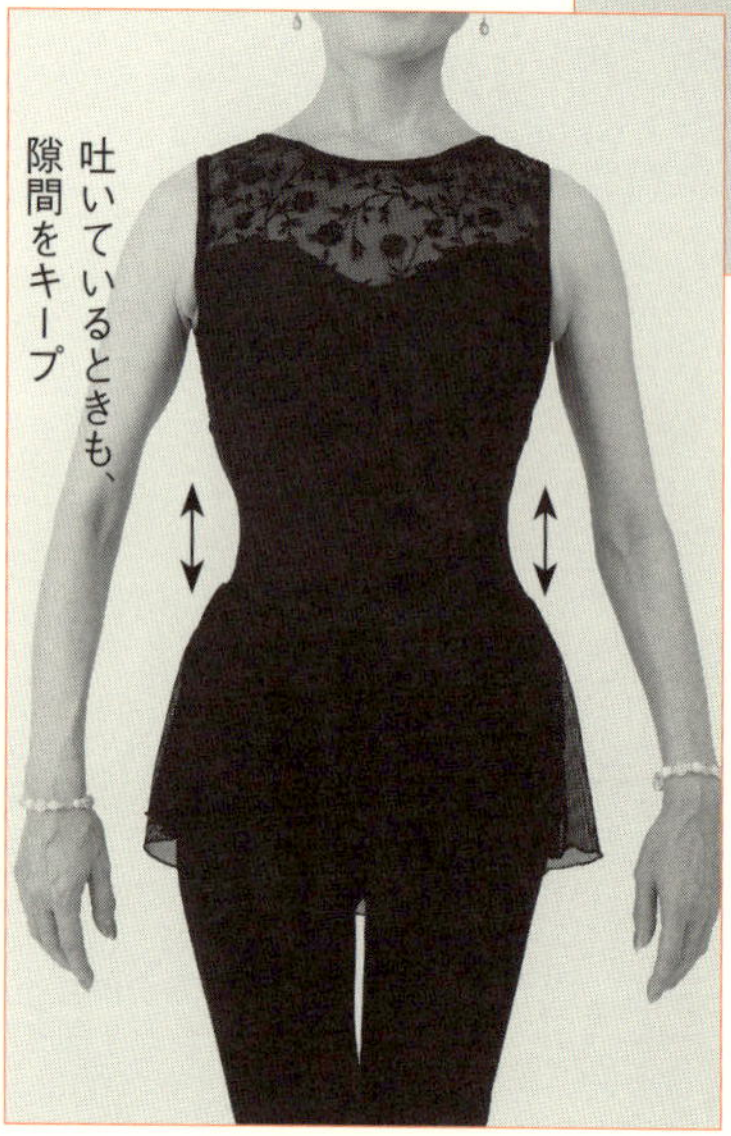
吐いているときも、
隙間をキープ

3 鼻から吐く（3秒）

鼻呼吸をしながら眠ると、筋肉に、たくさんの酸素が届けられるので、疲労物質の元となる乳酸が減少し、疲れにくいからだになり、デトックス効果も高まるといわれています。

「くびれ」に魔法がかかるだけでなく、深い安眠へと導いてくれるのが鼻呼吸の素晴らしいところです。

鼻呼吸で眠るクセをつけたい人は、やはり鼻呼吸テープがオススメです。テープを口に貼って2～3日ほど、眠るときに試してください。

朝起きると、テープが外れていることがあります。口呼吸しているために、テープがはがれてしまうのですが、それで焦る必要はありません。

からだに関わることは急がなくても大丈夫です。

習慣を変えることは、簡単ではありません。からだが覚えてしまった習慣は、長い月日がかかって身についたものです。

それを1日2日で直そうとするほうが無理な話です。

けれども、人のからだは、順応性が高いのです。1日2日では変わらないことも3日、4日、1週間と続けていくことで、身についていきます。

最初は朝には取れてしまっていたテープが、いつのまにか、はがれなくなります。

またテープを使うことで、息苦しさを感じたり、肌が荒れるような気持ちになるかもしれません。そんな方は、テープを使う必要はありません。

大切なのは、「鼻呼吸」を意識することです。

気がついたときに「鼻呼吸」する。それだけでも、すでにあなたに、「変化」の魔法が効きはじめています。

そうして少しずつ、口を閉じる筋肉がついてくると、鼻呼吸で眠ることができるようになっていきます。

眠りながら、あなたの「くびれ」に魔法がかかり、からだのデトックスまでできるなんて……試す価値は、十分あります。

たったこれだけで体型は変わっていく

いまから、バレエの要素を取り入れた3つの「鼻呼吸エクササイズ」を、ご紹介します。どれも「くびれの型」をもたらし、からだのラインを整えるエクササイズです。

「鼻呼吸」が習慣化するだけでも魔法はかかりますが、鼻呼吸をしながら、1日に1分のエクササイズをするだけで、「一生魔法がとけない体型」に変わっていきます。このエクササイズで、リアルな「くびれの型」を、さらに深くウエストに刻み込むことができるのです。

エクササイズは3つご紹介しますが、すべてをしなければならないということはありません。どれか一つだけ、自分に合いそうなものから試してみてください。楽しみながらできることが大切です。バレリーナになったつもり、すでに「くびれ」ができたつもりで、始めていきましょう。

【3つのエクササイズに共通する基本スタイル】

①口は常に軽く閉じている。

これだけで自然に、口呼吸から鼻呼吸に変わります。

②立つときは、つま先とひざの向きを斜め45度、外側に向ける。

内またにしないことが、バレエの基本です。

さあ、では、いよいよ3つのエクササイズです。

エクササイズに共通する基本スタイル

ポイント❶
口は常に
軽く閉じる

ポイント❷
立つときは、つま先とひざの
向きを斜め45度、外側に向ける

足は肩幅と同じくらい開く
または、左右のかかとをつける

「内また」

【エクササイズ１「アン・ドゥ・トロア」】

このエクササイズは、バレエ稽古《けいこ》の終わりにからだを整えるために必ず行う「ポールドブラ」という動きの要素を取り入れたものです。

「アン・ドゥ・トロア」はフランス語で「1・2・3」の意味です。「アン」は「1（un）」、「ドゥ」は「2（deux）」、「トロア」は「3（trois）」。

いつでもどこでもできるエクササイズですが、最初は決まった時間に行うようにすると、「くびれの型」がウエストに習慣化しやすくなります。

私のオススメ時間は、全身を鏡で見ることが多い朝の身支度のときと、やはり鏡を見ることが多い夜の入浴後、または眠る前です。

このエクササイズは、鏡を見ながら行うことがポイントです。どうしても鏡を見なければならないということはありませんが、エクササイズがきちんとできているかを確認する意味でも鏡は効果的です。

朝と夜のいずれか、自分が続けやすい時間帯に、1日1回行ってみてください。

このエクササイズは、鼻呼吸とひじの動きの助けによって肋骨が持ち上がり、

「脊柱起立筋」とお腹の筋肉の動きが、活発になります。

ウエストに溜まった贅肉をほぐし、瞬間的に、上下に分散させるのです。お腹まわりに贅肉がつくと、からだを動かしにくくして、さらにお肉がつきやすくなりますが、この動きをすることで、「くびれ」ができやすい状態に、からだをつくっていくことになるわけです。

【エクササイズ2「白鳥の舞い」】

このエクササイズは、世界三大バレエの一つ『白鳥の湖』で、主役のオデット姫が踊る白鳥の舞いを取り入れたものです。

エクササイズをするだけで、まるでオデット姫になったような気持ちになれるので、私のサロンの生徒さんたちに、いつも喜ばれます。

「白鳥の舞い」エクササイズは、腕の動きを、白鳥の羽ばたきに見立て、肩甲骨とひじを連動しながら腕を上下に動かします。

代謝を上げる筋肉「脊柱起立筋」を最大限に使い、美しい「くびれ」をつくり上げていく効果大のエクササイズです。とくにウエストの背後にある贅肉や、背中全体の贅肉を落としたい方にオススメです。

じつはプロのバレリーナも、「白鳥の舞いのお稽古をすると、背中がどんどん研ぎ澄まされていく！」と絶賛するくらい、背中の贅肉落としに効くストレッチです。まるで「肩甲骨から白鳥の羽が生えているかのように」イメージして、腕を動かしていきましょう。

【エクササイズ3「ジャイロキネシス」】

このエクササイズは、「深い立体的なくびれ」をウエストにキープし、美しくスッキリとしたボディラインをつくります。

「ジャイロキネシス」は、１９８０年代に、バレエダンサーだったジュリオ・ホバス氏が、自身のケガを克服するために開発したエクササイズです。アメリカではヨガやピラティスと並んで、ポピュラーなものになっています。スポーツ選手や女優、プロのダンサーなどに広がっていき、マドンナが実践したことでも知られています。「ジャイロ」とは円やらせんのことで、曲線を描くような動きや椅子に座って行う運動が特徴的です。

私は、壁を使って、「ジャイロキネシス」のエクササイズを行っています。からだの可動域を広げて、ケガをしにくくする効果がありますが、私のエクササイズでは、脊柱起立筋を本格的に鍛えることで、背中に余分な贅肉をつけにくくします。

腰をひねることで、ウエストを絞っていきますが、実際に、このエクササイズを1ヶ月から2ヶ月くらい続けて、右背後ウエスト2センチ、左背後のウエスト2センチ、計4センチほどウエストが細くなったという方もいらっしゃいます。それが1人や2人ではないところが、教えている私としては何よりも嬉しいことです。

3つのエクササイズの中では、いちばん効果が高く、それゆえ難しそうに思われがちですが、少しずつからだをならしていくことで、いつのまにか「できるようになっていた」となるようです。

図解でわかりやすい
【エクササイズ1「アン・ドゥ・トロア」】

❶ スタート
口を閉じて、
鼻呼吸の準備

腕は下に
手の位置は、
おへそから
15センチ下
で準備

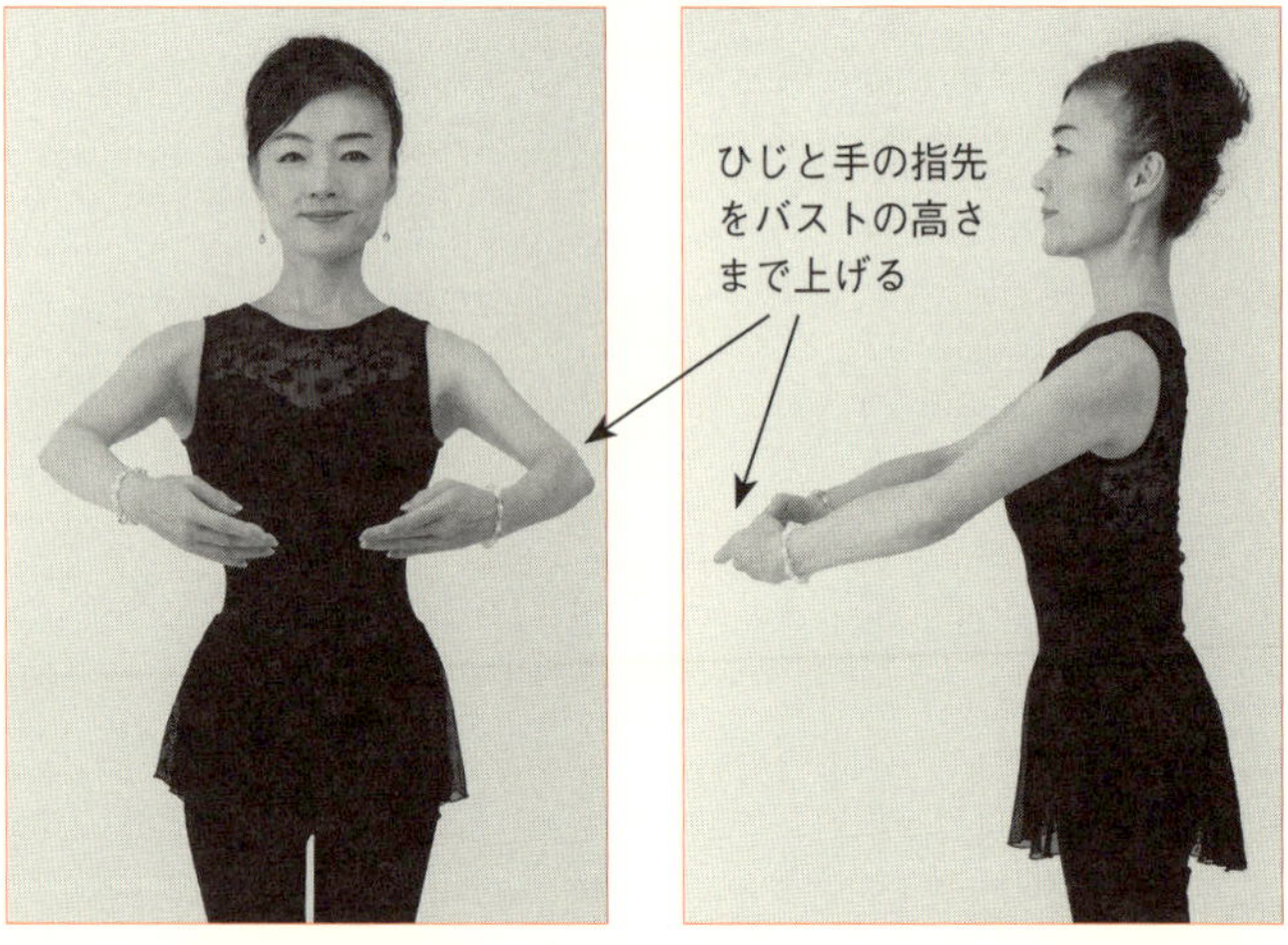

❷「アン！」鼻で息を吸う

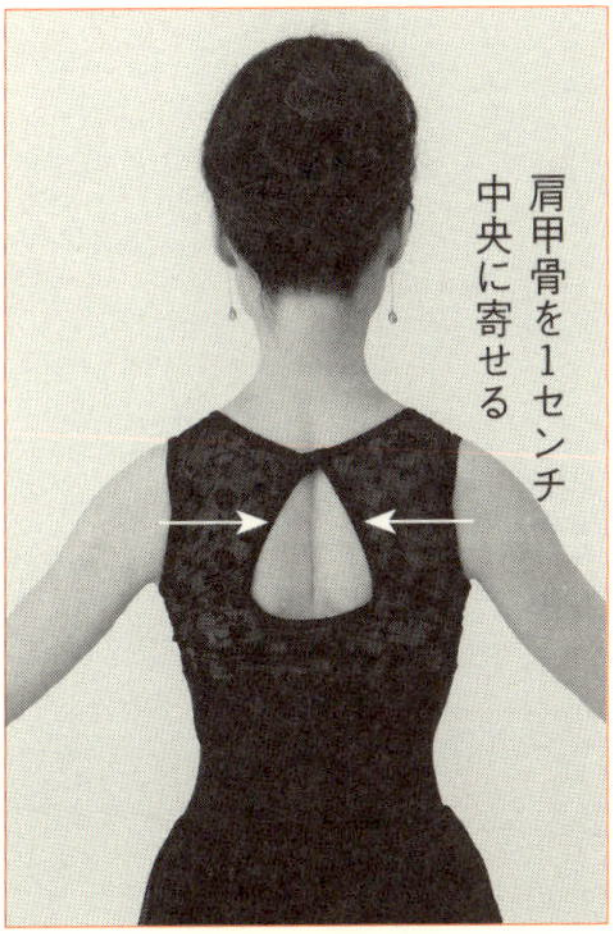
肩甲骨を1センチ中央に寄せる

❸「ドゥ！」鼻で息を吸う

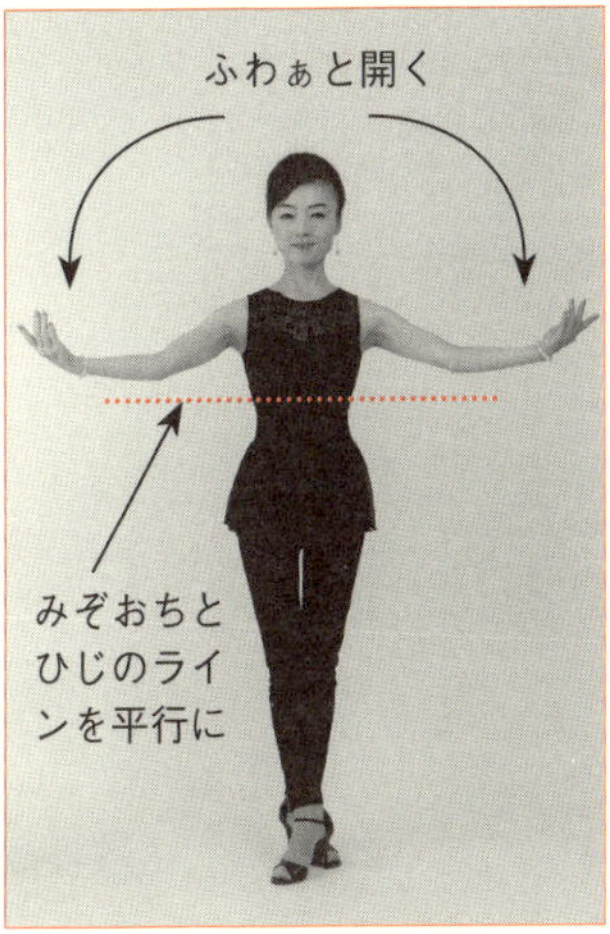
ふわぁと開く
みぞおちとひじのラインを平行に

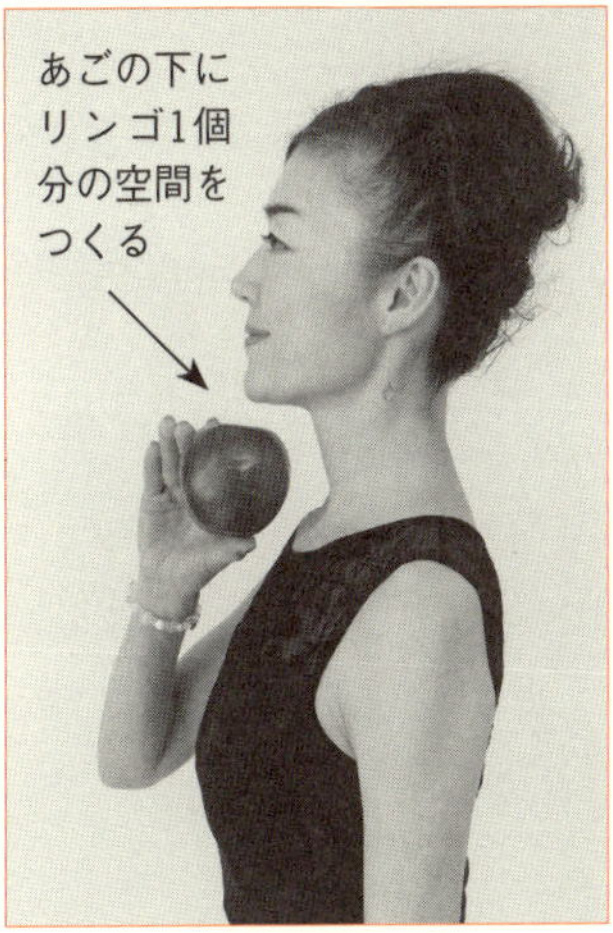
あごの下にリンゴ1個分の空間をつくる

❹「トロア！」鼻から息を吐く

図解でわかりやすい
【エクササイズ2「白鳥の舞い」】

1 スタート
口を閉じて、
鼻呼吸の準備
一方の足を
20〜50センチほど
前に出す
重心は前足にのせる

2 鼻で息を吸いながら
3秒で、腕を真上に上げる

3 鼻で息を吐きながら
3秒で、腕を下げる

1～3で1セット

図解でわかりやすい
【エクササイズ3「ジャイロキネシス」】

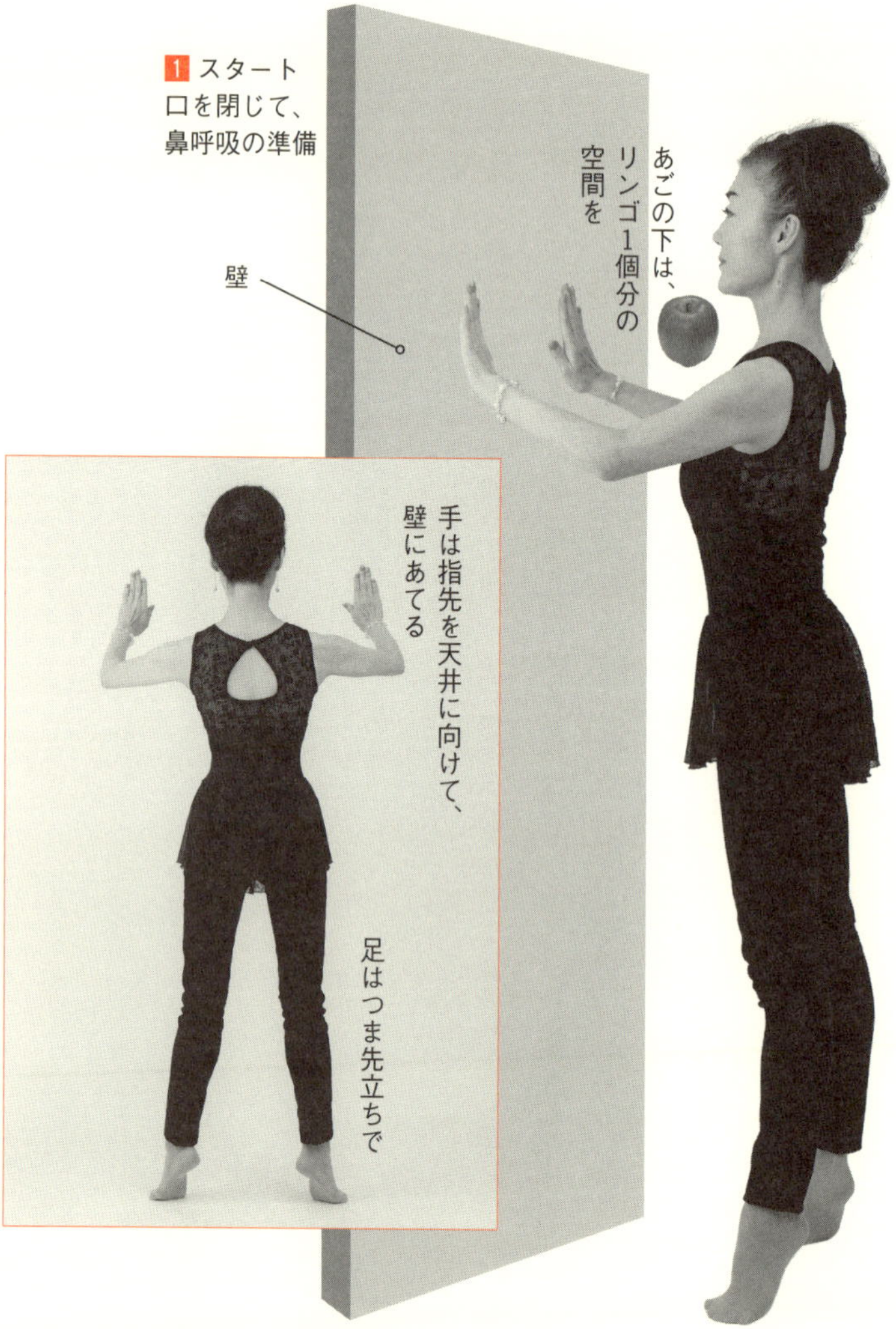
1 スタート
口を閉じて、
鼻呼吸の準備
あごの下は、リンゴ1個分の空間を
壁
手は指先を天井に向けて、壁にあてる
足はつま先立ちで

2 鼻で息を吸いながら、かかとを右方向にグイッと向ける

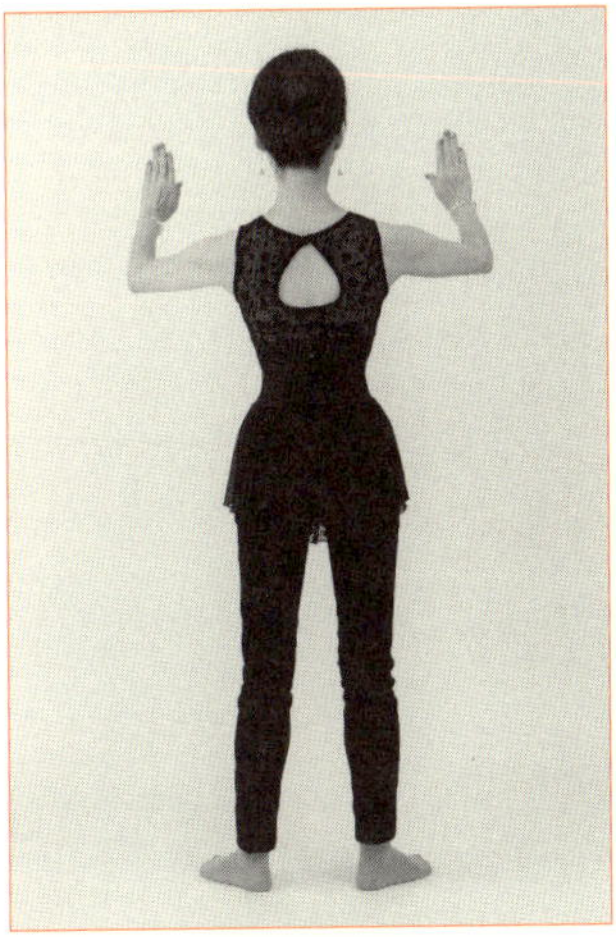

3 鼻で息を吐きながら、かかとを平行に戻す

4 鼻で息を吸いながら、かかとを左方向にグイッと向ける

1～4で1セット

第3章

「華奢」に見せるテクニック

ウエスト以外の
「くびれ」に注目!

「くびれ」をつくるというのは、
ただ痩せるということではありません。
エレガントな女性らしさを手に入れる。
その一歩は「くびれ」を知ることから
スタートします。

ウエスト以外にある3つの「くびれ」

ここまで、ウエストの「くびれ」についてお話ししてきましたが、じつは、からだには、ウエスト以外に3つの「くびれ」があることをご存じですか？

ウエスト以外の「くびれ」とは、

(1)「首」のくびれ
(2)「手首」のくびれ
(3)「足首」のくびれ

の3つです。

どれにも「首」がついています。

これらの「くびれ」が細く見えると、「華奢」に見えます。

「華奢な女性」というと、痩せた女性をイメージされる方が多いでしょう。

けれども、ただ痩せているだけでは「華奢」にはなりません。

「華奢」とは、「ほっそりとしている」という意味ももちろんありますが、それだけではありません。「華やかさ」や「上品さ」が、そこに含まれます。

「私なんて、華奢な女性になれるわけがない」

そんなふうに思う方もいらっしゃるかもしれません。

でも、私はそうは思いません。

「華やかさ」や「上品さ」というのは、見せ方しだいで、いくらでも身につくものです。最初は、そんなテクニックが上辺《うわべ》だけのものに思うかもしれませんが、続けていくうちに、自分に馴染《なじ》んでいくことに気がつくでしょう。

女性は誰でも、「華奢」になれます。

そうなるために、ウエストの「くびれ」をつくることは大切ですが、ウエスト以外の3つの「くびれ」を細く見せることも重要です。

それだけで、ずいぶん印象が変わってきます。

「くびれ」は隠さないほうが華奢に見える

華奢に見せるコツは、ふだんの生活の中で、「くびれ」を「隠さず、見せるようにすること」です。

レッスンで生徒さんたちにそう言うと、たいていは、

「見せるようにするなんて！　そんなことをしたら太さが目立ってしまいます」という声が出ます。

たしかに、ただ見せなさいと言われても、「見せる勇気がなかなか出ません」というお気持ちはわかります。

でも見せ方を変えたら、自分でもびっくりするような「魔法」が起こるのです。

「太くなった」と思うと、つい隠したくなるものです。

でも、隠してもいいことはあまりありません。

隠せば隠すほど、隠したものは目立つものです。

隠してしまうので、変化することはありません。

隠してしまうので、磨かれることもありません。

隠してしまうことで、心も後ろ向きになります。

でも、そんなにまでして隠す必要があるでしょうか。

とくにウエスト以外の3つの「くびれ」は、「太い」と言っても、他の人に比べて20センチも太いという人はいません。

首、手首、そして足首は、見せ方で印象はずいぶん変わります。どんなに「太い」という人でも、細く華奢に見せる方法がいくつもあります。

ネックレスやブレスレット、靴によっても、その印象は変わりますが、首、手首、足首は、人が皆、神様から与えられた「天然のアクセサリー」と言ってもいいほどです。

そのアクセサリーを隠してしまうなんて、もったいないと思いませんか。

まずは、首、手首、足首の3つの「くびれ」を見せて、その部分を意識する生活を送るだけでも、あなたは、格段に華奢に見えていきます。

「くびれ」を支配する骨

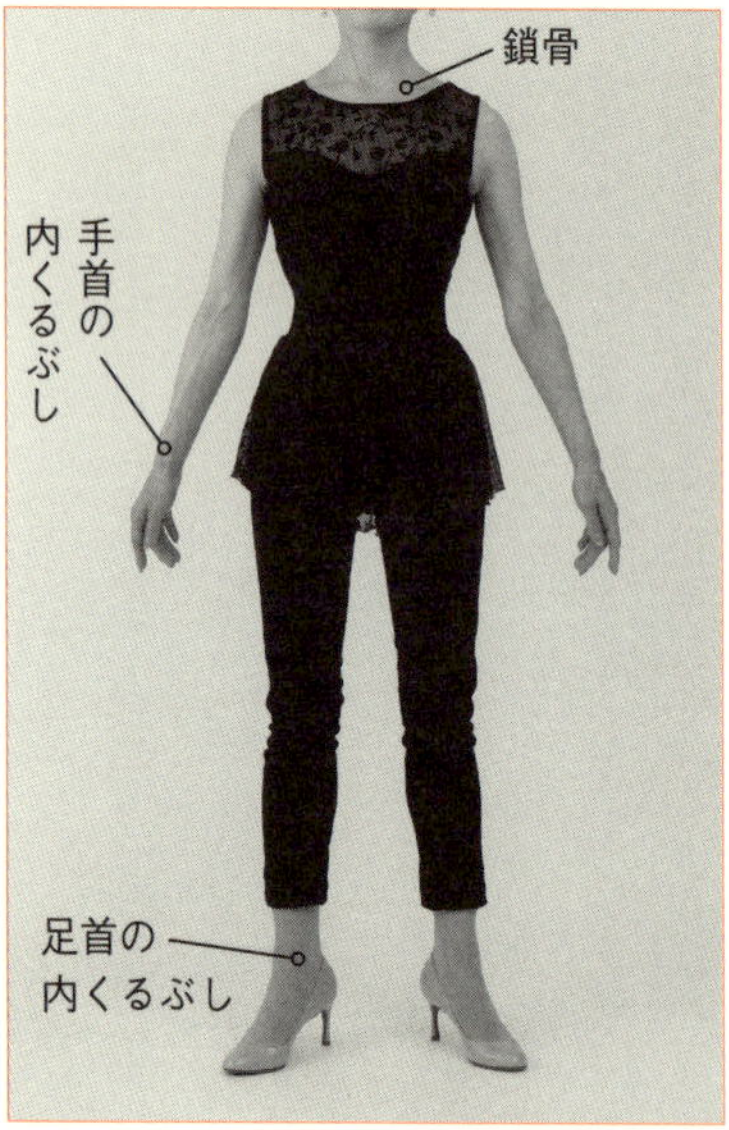
鎖骨
手首の内くるぶし
足首の内くるぶし

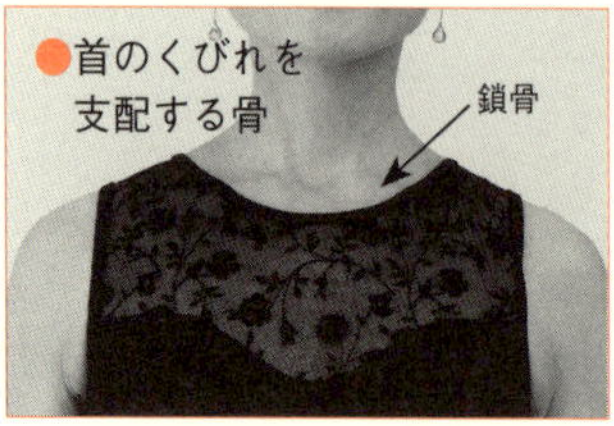
●首のくびれを支配する骨
鎖骨

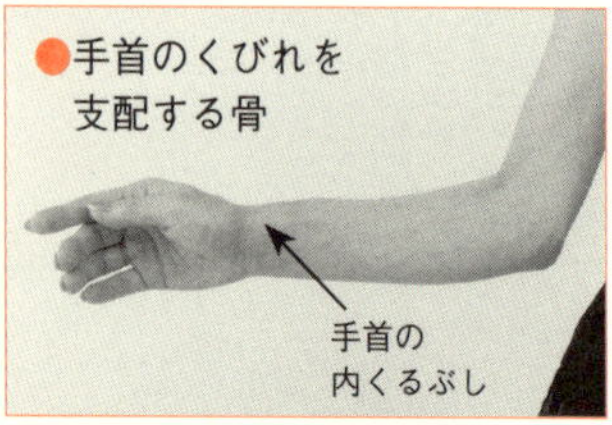
●手首のくびれを支配する骨
手首の内くるぶし

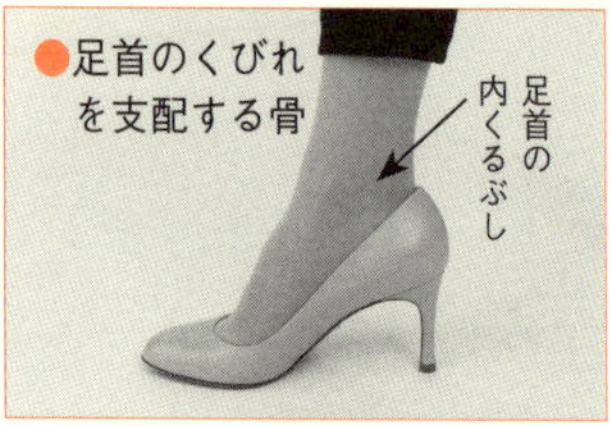
●足首のくびれを支配する骨
足首の内くるぶし

その見せ方のコツは、それぞれの「くびれを支配する骨」を見せるように生活することです。

首であれば「鎖骨」、手首であれば「手首の内くるぶし」と「手の甲」、足首であれば「足首の内くるぶし」を、見せるように工夫します。

そうすると、自分でも知らないうちに、「からだを内側に締める運動」が始まります。

とくに首と足首は、リンパが集中しているので、そこを意識して動かすことによって、むくみの解消も期待できます。

姿勢を正すと首が細く見える

さて、鏡を見てください。

知らず識らずのうちに猫背になっていたり、原始人のように顔が前に突き出したりしてはいないでしょうか。

それでは、たとえ「くびれ」ができても、首は太く、短く見えます。
姿勢が悪いと、どんなにスタイルがよくても「華奢」には見えないものです。

姿勢をよくすれば、首は細く見えます。
逆に、首を意識して、細く見せるように生活すると、姿勢がよくなります。
二重あごも解消できるでしょう。

首を細く見せるコツは、「首筋」と「鎖骨」を見せるように意識することです。

「首が短い」
「首が太い」
「首のシワが気になる」

という方は、夏でもハイネックの服を選びがちです。

スカーフを巻いてしまうという方もいらっしゃいますが、巻き方によっては、首のコンプレックスをかえって強調させてしまうことがあります。

首筋、鎖骨《さこつ》が見える襟元《えりもと》を意識しましょう。

また鎖骨より上に、ネックレスやチョーカーをつけるだけで、首は細く見えます。ファッションとしてはロングのネックレスも素敵ですが、首を細く見せるには、首まわりを飾る長さのものが効果的です。

手首の細い女性は、華奢に見える

「手首」を見せるように生活すると、手先がスッと伸びて美しく見えるばかりでなく、華奢に見えます。

具体的に見せるポイントは、「手首の内くるぶし」と「手の甲」を見せるよう意識することです。

手首の関節を折り曲げた状態より、まっすぐ伸ばしているほうが、手は細く見えます。

指先にも意識を向けて、まっすぐにしていると、指も長く、細く見えます。

いま、ご自身の指をごらんになってみてください。

たとえば手を、テーブルの上に出してみる。パソコンのマウスを握っているようにした状態と、指先を伸ばした状態では、後者のほうが細く見えませんか。

ふだんから、そのことを意識するようにしましょう。

またブレスレットをつける場合は、手首よりも大きなものより、手首にピッタリ合うサイズのほうが、手は細く見えます。

ネイルはベージュ系や薄めのピンクなど、肌に馴染む色を選ぶと、指は細く見えます。フレンチネイルやグラデーションをかけたりすると、手の指から爪先までが、スッと伸びた印象になります。

歩き方を変えれば、足首は細くなる

「足首」を見せるように生活すると、足首が引き締まり、足首が細くなっていきます。

具体的に、見せるポイントは、「足首の内くるぶし」を見せるように意識することです。

歩くときには、内くるぶしを見せるように歩くと足首が細くなっていきます。

このとき、がに股にならないように気をつけてください。

内くるぶしを見せて歩くというのは、足の先が外側に向かっている状態ですが、これを意識するあまり、がに股になってしまう方がいらっしゃいます。

あくまでも足はまっすぐに、足を前に出すときに、内くるぶしを見せるように歩きます。

足幅を大きくとるようにすると、颯爽《さっそう》としたイメージになります。

もちろん顔を上げて、肩を開き、背筋がピンと伸びていることも大切です。

この歩き方を意識して歩くだけで、まわりの方から「痩せた?」と言われることがあります。

体重は変わらなくても、意識を変えるだけで、あなたのイメージは変わっていきます。

まるで魔法のようですが、それを続けていると、実際に痩せていくところが、この魔法のすごいところです。

足首にかぎらず、からだの「くびれ」を見せながら動くことで、あなたのからだのラインは整っていきます。

からだのラインが整えば、必要なところのお肉は残り、不必要なお肉は落ちていきます。からだが引き締まっていくのです。

結果として、痩せ、「くびれ」ができていくわけです。

「くびれ」を美しく見せる8つの角度

写真を撮る機会が多くなりました。

スマホで簡単に撮れますし、インスタグラムやフェイスブックなどのSNSに、それらの写真をアップされることもあるでしょう。

自分に自信が持てないと、自分の写真を撮ることも避けるようになってしまうことがあります。

また写真を撮っても、あとで見ると、がっかりしてしまうことがあります。


「私、こんなに太ってる?」

他の人と一緒に写った写真を見て、自分だけが太っているように見えてしまったり、ということがあります。

でも、これも「見せ方」で、変えられます。むしろ、実際はそれほど太っていないのに、「見せ方」で損をしている方が多いのです。


「私は、写真映りがよくなくて、写真を撮られるのが苦手」という方でも、「くびれ見せ」テクニックがわかれば、もう、気後《きおく》れせずに、写真撮りに臨めます。

本当に細くキレイに見えますよ。

では、細く見える写真撮りのポイントは?

それは、バレエの「美しく見える角度」を利用します。

バレエには、美しく見せるための「8つの基本の角度」というものがあります。

【バレエの8つの基本の角度】

[1の角度] 正面

[2の角度] 斜め前(客席から見て左手)

[3の角度] 下手(客席から見て左手)

[4の角度] 斜め後ろ(客席から見て左手)

[5の角度] 背面

[6の角度] 斜め後ろ(客席から見て右手)

[7の角度] 上手(客席から見て右手)

[8の角度] 斜め前(客席から見て右手)

バレエの8つの基本の角度

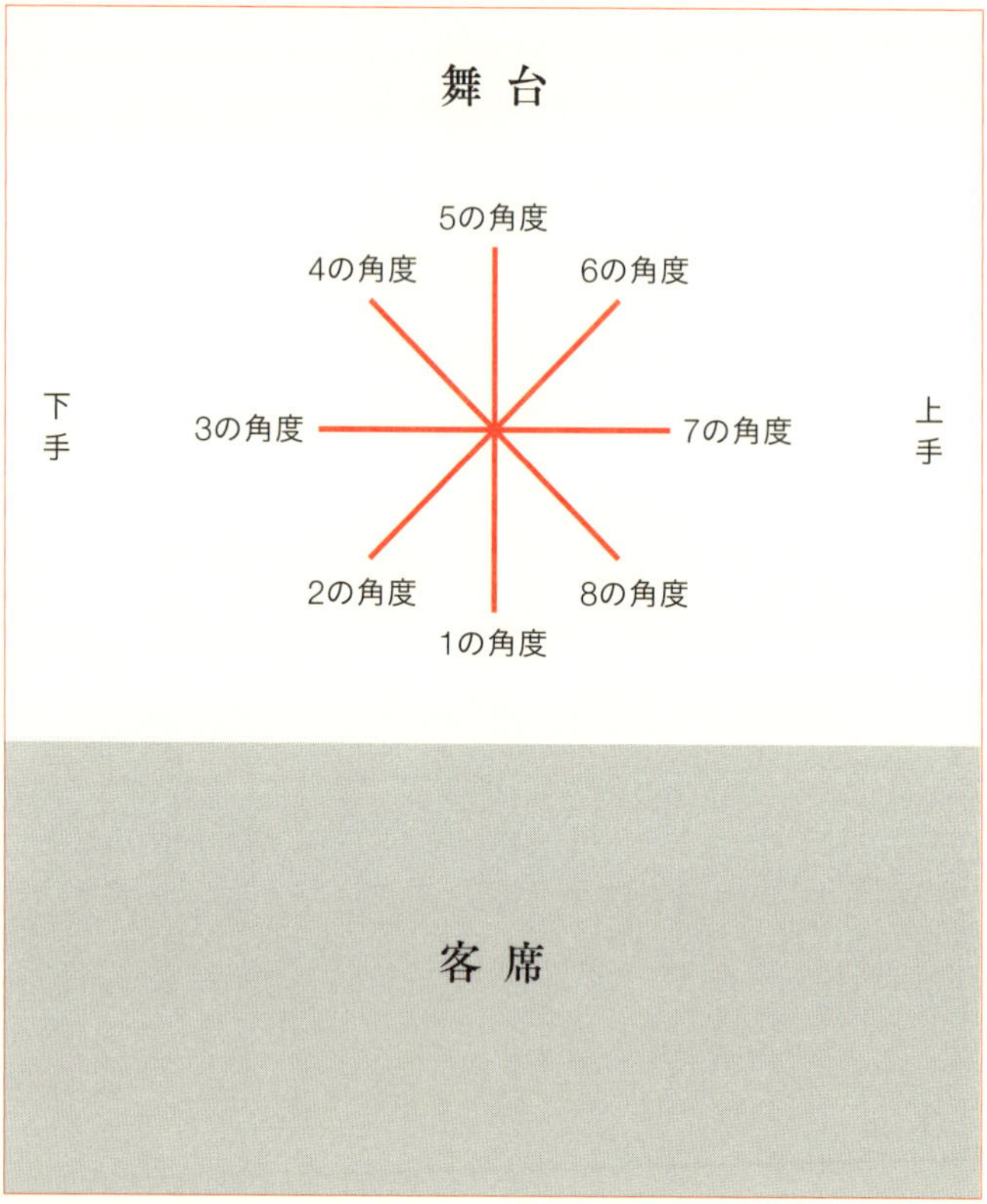

バレエの8つの基本の角度を意識すると、どこから見ても女性らしい、エレガントな自分を演出することができます。

写真を撮影するときには、8つの中でもとくに「2の角度」と「8の角度」が「くびれ」を際立たせ、細く見えます。

写真映えする「くびれ」の見せ方

写真で華奢に見せるのには、バレエの基本の8つの角度の中でも、とくに「2の角度」と「8の角度」が効果的です。

まずは、「2の角度」での撮り方です。

「2の角度」と「8の角度」で写真を撮る

8の角度
「ハイ、チーズ！」で写真を撮る瞬間、鼻から息を吸う

←ココをCheck!
首のくびれ
←ココをCheck!
ウエスト
←ココをCheck!
手首のくびれ
←ココをCheck!
足首のくびれ

←ココをCheck!
首のくびれ
←ココをCheck!
ウエスト
←ココをCheck!
手首のくびれ
←ココをCheck!
足首のくびれ

2の角度
「ハイ、チーズ！」で写真を撮る瞬間、鼻から息を吸う

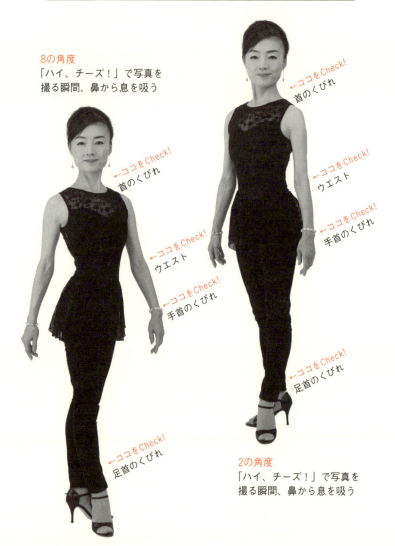

カメラの位置を正面（観客側）とします。

腰の「くびれ」が際立つように、胸元とおへそを「2の角度」に向け、顔をカメラの方向に向けます。

足首が際立つように、左足のかかとが右足の内土踏まずにピッタリとつくように重ねます。首が際立つように、右の首筋と鎖骨のラインが「Lの字」になるように、首をスッと伸ばします。手首が際立つように、手首を伸ばし、手首の内くるぶしを正面に向けるようにします。


次に、「8の角度」で撮ってみましょう。


「8の角度」で撮る場合も、カメラの位置を正面（観客側）とします。

腰の「くびれ」が際立つように、胸元とおへそを「8の角度」に向け、顔をカメラの方向に向けます。

足首が際立つように、右足のかかとが左足の内土踏まずにピッタリとつくよう重ねます。首が際立つように、左の首筋と鎖骨のラインが「Lの字」になるように、首をスッと伸ばします。手首が際立つように、手首を伸ばし、手首の内くるぶしを正面に向けるようにします。

「2の角度」と「8の角度」は向きを変えただけですが、写真での印象は変わるでしょう。人は、からだつきがまったく左右対称の方というのは少ないために、「2の角度」と「8の角度」では見え方が違います。

「2の角度」はキレイに見えるけれど、「8の角度」は、あまりキレイに見えないという方は、まずは、「2の角度」を「自分の勝負角度」として知っておきましょう。それを知っておくだけで、写真を撮られるときのベストポジションを確保することができます。

練習して慣れていくと、どちらの角度も「勝負角度」にできるようになれます。

付録

ファッションで「くびれ」マジック

美の黄金律で、
おしゃれを楽しむ

ファッションアイテムの使い方や見せ方を知ると、
あなたの「華奢見せ度」がグンとアップします。
華奢見せ効果抜群の
ファッションアイテムを使って、
くびれマジックを、毎日楽しんでしまいましょう。

美しく見せる「知恵」と「工夫」を取り入れる

「ファッションアイテム」は、あなたのくびれが美しく見えるための「お助けグッズ」です。

それらを身につけ、ファッションも一緒に楽しめば、あなたは確実に「自分の中にある4つのくびれの存在」を、いつのまにか実感できるようになります。

そして、それは、これまで気づかなかった「自分の美しさ」を発見することにもなるでしょう。

これからご紹介する「ファッションアイテム」のコーディネートのしかたも、バレエの知恵から取り入れています。

バレエファッション（バレエ衣装や稽古着）を身につけた姿というのは、スタイルよく見えるものですが、そこには美しく見せる「知恵」と「工夫」が施されています。それをヒントにしたコーディネート術をご紹介します。

コーディネートの秘訣は、誰もが生まれながらに持つ「美の黄金律《りつ》」という感覚を活用することです。

この秘訣を知って、「くびれ」が美しく見えるファッションアイテムを身につければ、「華奢な自分」が叶うのです。

あなたの魅力は、嬉しいほどに、どんどん増して輝いていきます。

「美の黄金律」をファッションに活かす

「美の黄金律」とは、「1対1・618……（約1・62）」という比率をつくることで、バランスよく美しいスタイルが強調されるというものです。

エジプトのピラミッドやギリシャのパルテノン神殿などの歴史的な建造物、ミロのヴィーナスなどの彫刻にも、この比率が取り入れられているといわれています。人間が、安心でき、心地よく美しいと感じる美の比率とされています。

私は、この比率をからだにあてはめ、「美の黄金律」と呼んでいます。

上半身の縦ラインにこの比率をあてはめてみると、だいたい、頭のてっぺんからあごの下あたりまでが1、あごの下からおへそ（ウエスト）あたりまでが1・62という比率になっています。

全身の縦ラインにこの比率をあてはめてみると、頭のてっぺんからおへそまでが1、おへそから足元までが1・62という比率になっています。

またボディの横ラインにこの比率をあてはめてみると、バストとヒップがほぼ

1・62、ウエストが1という比率です。

具体的な数字を示すと、バストとヒップが113センチ、ウエストが70センチの方は、そのサイズを隠さず見せることで、完璧な美の黄金律がからだにできているということです。

ウエストのくびれは、太っている・痩せているに関係なく、「見せ方」でつくれるという理由が、この美の黄金律の見せ方によるものでもあります。

日頃、皆さんが目にする一般的な名刺の比率も、縦が1、横1・62というサイズで製作されています。

ビジネスシーンでは、自分のアイデンティティーを伝えるために、相手に安心感を与えるための「自己紹介をする名刺の形」は、美の黄金律を基につくられています。

じつは意外と、日常のさまざまなところで、美の黄金律は活かされているのです。

ウエストを細く見せる「美の黄金律」

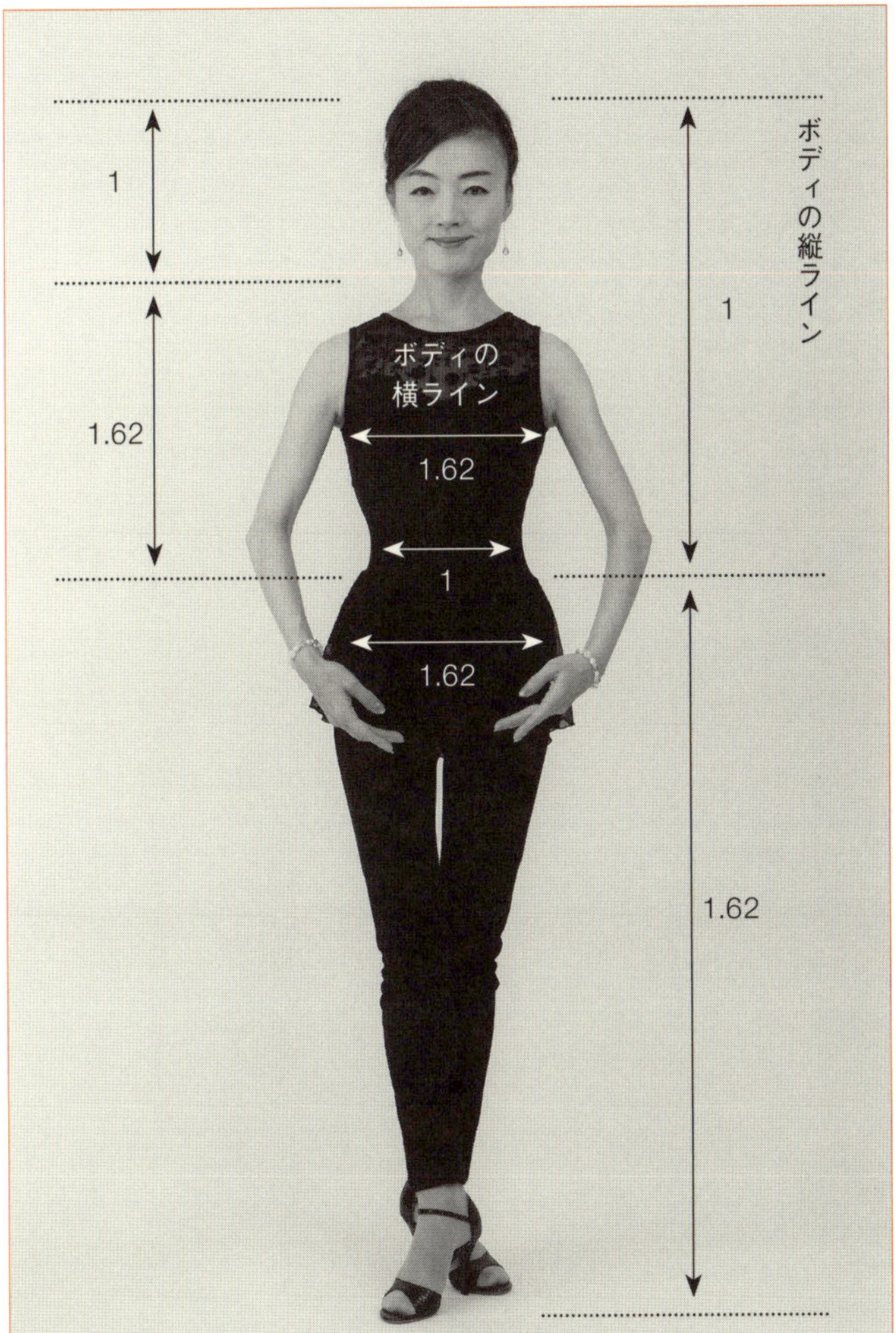

この美の黄金律を上手に用いて、これからご紹介するファッションアイテムを身につければ、人によっては、8頭身にも近づけるくらい、バランスのよい美しいシルエットやからだのラインを、ふだんの生活の中で表現できます。これも、素晴らしいバレエの知恵です。

私はコサージュをつけるときは、コサージュの先端が美の黄金律に届くポイントに近づけて、つけるようにしています。多くの方がつけられる位置より、少し上になるようです。

そして、ブローチは、基本的に、鎖骨の上につけるようにします。

こうすることで、上半身の比率が、美の黄金律に近づけられるので、バランスよく、美しく見せることができるからです。

首のくびれを美しく見せるアイテム

ファッションアイテムをつける位置のポイントは、すべてのくびれのラインに沿ってつけることです。

これからご紹介するアイテムは、「くびれ」の部分につけてください。

ウエスト、首、手首、足首の４つのくびれは、神様が私たちに平等に与えてくれた、からだが美しく見える「美のアクセント」です。

そのアクセントがさらに美しく輝くために、アイテムを使って装飾を施すことで、くびれの美しさを見せていきます。

首の「くびれ」を美しく見せるアイテムは次の５つです。

(1) チョーカー
(2) ブローチ
(3) コサージュ
(4) 縦長のスカーフ

（5）揺れる長めのピアスまたはイヤリング

一つずつ、それぞれの身につけ方をご紹介しましょう。

（1）チョーカー

チョーカーは、バレエ衣装の装飾アクセサリーからヒントを得たアイテムです。身につけ方のコツは、首のつけ根にピッタリとフィットするものを選んで、身につけることです。

私がオススメしている手軽にできるチョーカーは、街の手芸店などで売られている黒のベルベットリボンです。

黒のベルベットリボンは意外と高級感もありますので、このアイテムは、バレエ舞台の衣装の付属品でも多く用いられます。

オススメの寸法は、幅1・5センチ、長さ80センチです。

安価で、首のくびれがスッキリ引き締まって見えるアイテムです。

首のつけ根は、美の黄金律が叶う位置。

黒のベルベットリボンが首のつけ根にあると、バレエ衣装を身につけたバレリーナの全身スタイルやシルエットがよく見えます。

ふだんの生活でも、シンプルなワンピースに黒のベルベットリボンを首のつけ根につけるだけで、ファッションがまとまって見えます。結び目は、可愛らしく蝶々結びで。

チョーカーというアイテムは、中世ヨーロッパのプリンセスたちが、ふんわりとしたドレス姿の、全身をバランスよく見せるために、身につけていたアイテムでもあります。

開かれたデコルテ（胸元）と背中の開いたドレスに、チョーカーを首のつけ根に身につけることで、全身の引き締め効果を期待していたのでしょう。

チョーカーを用いて美の黄金律に近づけるポイントは、頭のてっぺんから首のつけ根までが1、首のつけ根からウエストまでが1・62とした比率です。

「くびれ」を美しく見せるアイテム①

●首のくびれを美しく見せるアイテム

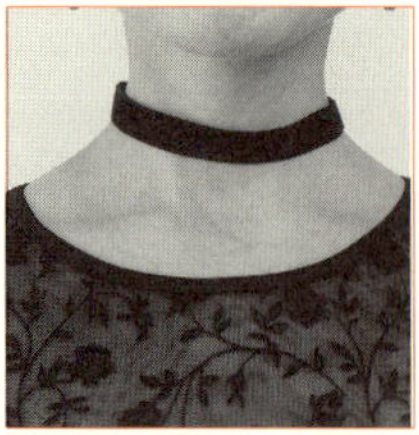

チョーカー

ブローチ

コサージュ

スカーフ

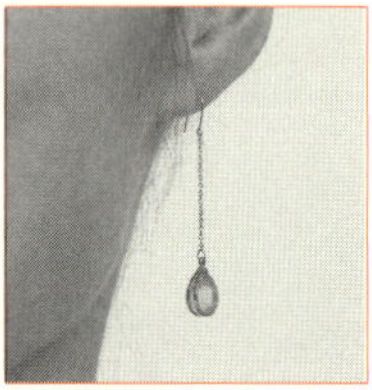

揺れるピアス・イヤリング

●手首のくびれを美しく見せるアイテム

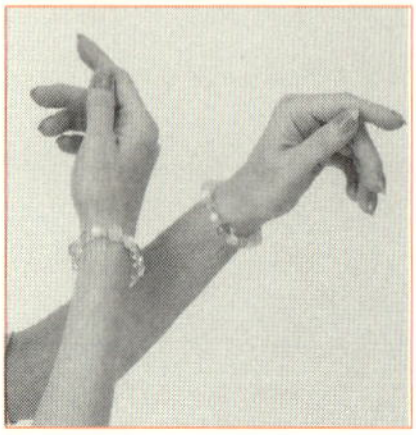

動かないブレスレット

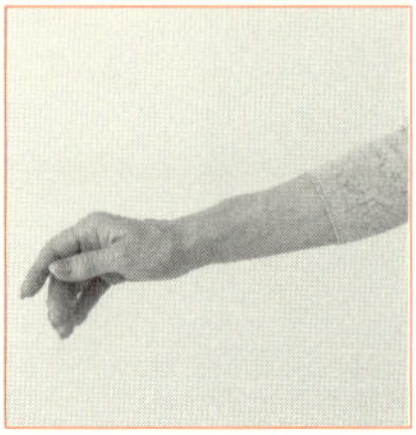

七分袖

（2）ブローチ

ブローチも、バレエ衣装の装飾アクセサリーからヒントを得たアイテムです。身につけ方のコツは、鎖骨ラインの上に沿って、ブローチをつけることです。つけてみると、意外と上のほうについている感じがするかもしれません。けれども、鎖骨ラインは、人間が裸になったときに、まるで、ネックレスのように、上部を美しく立体的に、華奢に見せてくれる骨のくびれラインでもあります。

この鎖骨ラインに沿って、ブローチや、次にご紹介するコサージュをつけると、バランスよく見えることはもちろんのこと、顔の華やかさも増します。

ブローチはつけ慣れていないという初心者の方にオススメのデザインは、丸形、ひし形など、左右対称のものです。

ブローチを用いて美の黄金律に近づけるポイントは、頭のてっぺんから鎖骨ラインまでが1、鎖骨ラインからウエストまでが1・62とした比率です。

（3）コサージュ

こちらもバレエ衣装の装飾品からヒントを得たアイテムです。

身につけ方のコツは、肩の上にコサージュ（花）がのっているようにつけることです。胸元につけるのではなく、肩に近い、かなり外側の場所です。

この位置にコサージュをつけると、まるでお花の上に、あなたの顔がフワッとのっているようで、やわらかく華やかに見えます。

コサージュを用いて美の黄金律に近づけるポイントは、頭のてっぺんからあごの下ラインまでが1、あごの下ラインからウエストまでが1・62とした比率です。

（4）縦長のスカーフ

バレエ衣装の装飾品と見せ方からヒントを得たアイテムです。

身につけ方のコツは、首全体をスカーフで覆って巻きつけるのではなく、スカーフをツイストして、細い幅にしてから首のつけ根を巻くようにつけることです。首全体を隠すようにスカーフを巻くと、「首のくびれ」がまったくわからないので、逆に首が太く短く見え、顔も大きく見えるので注意しましょう。

スカーフを用いて美の黄金律に近づけるポイントは、ツイスト巻きにしたスカーフの幅の比率が1、あごのつけ根からツイスト巻きにしたスカーフの上部までが1・62とした比率です。

（5）揺れる長めのピアスまたはイヤリング

バレリーナが稽古着におしゃれアイテムとして身につけるアイデアから、ヒントを得たアイテムです。

身につけ方のコツは、鎖が細く、先端の飾りがやや小さめ（大きくても小指の爪くらいの大きさ以内）の揺れるピアス（イヤリング）です。

揺れることで、そこに目線が集まりやすく、首のラインを美しく見せようとする意識が高まり、実際につけると、首のくびれがキレイに見えます。

これを身につけている稽古中のバレリーナは、味気ないレオタード姿でも、このワンポイントがあるだけで女性らしく、さらに首のくびれが際立ち、美しく見えます。

ピアスやイヤリングを用いて美の黄金律に近づけるポイントは、耳たぶからピアス（イヤリングの）の先端までが1、先端から首のつけ根までが1・62という比率です。

美の黄金律で、首のシルエットバランスをよく見せ、首のくびれを際立たせる見せ方です。首をすぼめないよう、気をつける意識も芽生《めば》えます。

手首のくびれを美しく見せるアイテム

手首の「くびれ」を美しく見せるアイテムは次の2つです。

(1) 動かないブレスレット
(2) 七分袖のブラウスやシャツ

それぞれの身につけ方をご紹介しましょう。

(1) 動かないブレスレット

古典バレエ作品の『ラ・シルフィード(風の妖精)』の舞台衣装の小物アクセサリーからヒントを得たアイテムです。

身につけ方のコツは、両方の手首につけることです。

ラ・シルフィードのように、私がいつも身につけているブレスレットは、動かないブレスレットで、ゴム式のものです。

ゴム式のブレスレットは、さまざまな動きをしても、手首の関節にフィットして動かないので、美の黄金律が常時つくりやすく、両手首のくびれをいつも強調できます。

ブレスレットを用いて美の黄金律に近づけるポイントは、爪の先から手首までを1、手首からひじまでを1・62とした比率です。

(2) 七分袖のブラウスやシャツ

バレエレッスンのときに着用する、稽古用レオタードの袖丈からヒントを得たアイテムです。

袖が広がらず、腕に吸いつくように、袖が詰まっているデザインや素材がオススメです。

袖の長さは、手首ラインから10センチ上部になるくらいの、短めの長さの袖を選びましょう。

七分袖のブラウスやシャツを用いて美の黄金律に近づけるポイントは、爪の先から手首上部10センチまでが1、手首上部10センチから腕のつけ根までが1・62とした比率です。

ブレスレット、七分袖のシャツを身につけたときは、手首の内側のくるぶしを見せるように意識して、腕を動かすこと。それがよりエレガンスな印象を引き出します。

ウエストのくびれを美しく見せるアイテム

ウエストの「くびれ」を美しく見せるアイテムは次の3つです。

(1) ベルト
(2) リボン
(3) ロングネックレス

一つずつ、それぞれの身につけ方をご紹介しましょう。

(1)ベルト

バレエ稽古用のレオタードを着用したときに、寸胴《ずんどう》に見えないよう、ウエストをマークしてシルエットをよくするためにベルトをすることからヒント得たものです。

ウエストを目立たせまいとしてダボダボの服を着るのは、逆効果です。どんどんウエストが太くなる自分のシルエットに気づけないからです。

バレリーナは、ウエストは美しいシルエットづくりの要と知っているので、いつもベルトで強調させて、「これ以上、太くならない」という戒《いまし》めのために身につけています。

ウエスト自体の太さなどは、よほど近づかなければ、そんなにはわからないもの。それよりは、からだ全体のバランスやシルエットがよく見えるほうが、断然キレイに見えます。

だらんと下がるタイプの緩めのベルトは、その分、足が短く見えてしまうことがあります。ウエストにフィットして動かないものがオススメです。

私は、比較的伸縮性のよいゴム製のベルトを愛用しています。

ベルトを用いて美の黄金律に近づけるポイントは、頭のてっぺんからウエストまでが1、ウエストから足先までが1・62とした比率です。

(2) リボン

ウエストにリボンを結ぶことで、美しい「くびれ」を印象づけます。

バレエの舞台衣装からヒントを得たものです。

リボンは、永遠の乙女アイテムの代表といえるのではないでしょうか。

バレエを愛する人たちの傾向として、リボン付きのロマンティックでラブリーな衣装を、一度は着てみたいという願望があります。

リボンは、ウエストのくびれを意識させるだけでなく、いつまでも「乙女な自分」を意識できる、女性らしいアイテムでもあります。

リボンをウエストに結ぶと、「華やかな若返ったウエスト」に変身！　できますよ。

身につけ方のコツは、「くびれの型」でご紹介したウエストの隙間に沿って身につけます。

私がオススメするリボンを結ぶ位置は、おへその前です。

後ろで結ぶリボンは、結び方によっては、やや子どもっぽく見られがちですので、大人の女性のリボン結びとしては、前に結ぶのがオススメです。

リボンを用いて美の黄金律に近づけるポイントは、頭のてっぺんからウエストまでが1、ウエストから足先までが1・62とした比率です。

(3)ロングネックレス

バレエの舞台衣装の装飾品からヒントを得たものです。

王妃様や身分の高い貴婦人役などの衣装で、身につけられるロングネックレス。やはり、大人の女性を演出するためにオススメのアイテムです。

なぜロングネックレスなのか、という理由があります。

それは、舞台上で身につけた、大きく膨らんだドレスを、バランスよくスタイルよく見せるために、ロングネックレスをつけると、意外と引き締まって見えるからです。

オススメのデザインは、ウエスト部分に飾りやアクセントが来るようなロングネックレスです。

ウエストに先端が来る長さであることがポイントです。

何も装飾がないプレーンなロングネックレスの場合も、首からネックレスを下げたときに、「ウエスト」ラインの長さが先端になるものを選ぶとよいでしょう。

ロングネックレスを用いて美の黄金律に近づけるポイントは、頭からウエストまでが1、ウエストから足先までが1・62とした比率です。

「くびれ」を美しく見せるアイテム②

●ウエストのくびれを美しく見せるアイテム

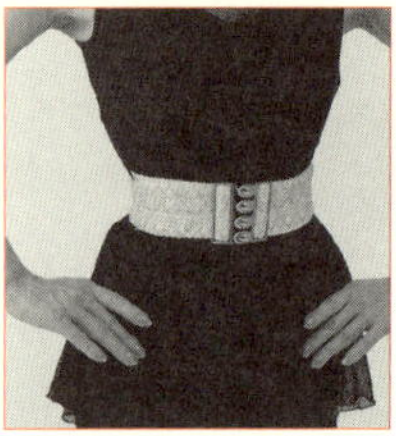

ベルト

ロングネックレス

リボン

●足首のくびれを美しく見せるアイテム

ハイヒール

サブリナパンツ

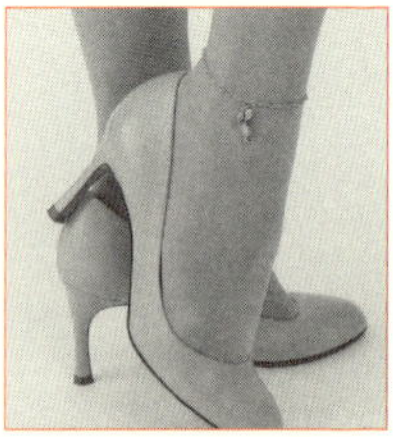

アンクレット

足首のくびれを美しく見せるアイテム

足首の「くびれ」を美しく見せるアイテムは次の3つです。

(1) サブリナパンツ
(2) ハイヒール
(3) アンクレット

一つずつ、それぞれの身につけ方をご紹介しましょう。

(1) サブリナパンツ

バレエの練習着・ストレッチパンツからヒントを得たアイテムです。

このアイテムは、スクリーンの妖精といわれた、ハリウッド女優オードリー・ヘップバーンが主演した映画『麗《うるわ》しのサブリナ』で身につけていたパンツが、足が美しくスリムに見えると評判になり、世界的に人気となりました。

そして、その役名から「サブリナパンツ」と呼ばれるようになりました。

オードリーはもともとバレリーナで、彼女が身につけていたアイテムや、ファッションスタイルは、バレエの要素を取り入れたものがとても多く、華奢見え効果のテクニックを知っていたことがよくわかります。

オードリーならずとも、「足首のくびれ」が際立つパンツ丈です。

身につけ方のコツは、ふくらはぎが隠れるぐらいの短めのパンツを選ぶことです。

サブリナパンツを用いて美の黄金律に近づけるポイントは、足裏から足首のくるぶしまでが1、足首のくるぶしから15センチ上のパンツ丈の裾までが1・62とした比率です。

(2) ハイヒール

バレエの元祖である履き物からヒントを得たアイテムです。

いまから500年以上前に、中世ヨーロッパで発祥したバレエの文化は、「ハイヒール」を履いて、踊られていた歴史から始まります。

現在、バレリーナの代名詞としても知られている踊るための履き物、つま先立ちの「トウシューズ」という履き物は、17～18世紀頃に履かれるようになった比較的新しい履き物です。

ハイヒールで踊られていた元祖のバレエは、大きく膨《ふく》らんだロング丈の衣装に、ハイヒールを履き、足首の華奢さを強調して、繊細な足元を演出したのです。

ハイヒールは、履くことで、アキレス腱がキュッと縮まり、ふくらはぎの位置が上部に上がるので、足首を細く見せ、足首の前側ラインを長く見せるという足長効果も生まれ、「足首のくびれマジック」を叶えてくれる優秀なアイテムです。

身につけ方のコツは、かかとがパカパカしない、脱げないものを選ぶことです。

ハイヒールを用いて美の黄金律に近づけるポイントは、つま先から足首までが

1、足首から膝下までが1・62とした比率です。

(3) アンクレット

バレエ衣装の装飾品からヒントを得たアイテムです。

バレエでは、東洋調の役柄で衣装を身につけるときのアイテムとして、身につけます。

アンクレットはゴールドやシルバーなど、細いものが一般的ですが、足首のラインに沿うようなものを選ぶのがいいでしょう。

右足か、左足か、どちらか、自分の足首を強調したいほうにつけると、そのアンバランスが、より華奢な感じを引き出します。

アンクレットを用いて美の黄金律に近づけるポイントは、つま先から足首までが1、足首から膝下までが1・62とした比率です。

以上の3つのアイテムのどれにも共通することですが、立つとき、座るとき、歩くとき、いつも「内くるぶし」や「アキレス腱」を見せるように意識することで、「足首のくびれ」が強調されます。それによって、足だけでなくスタイルそのものが華奢に見えます。

くびれを意識できる「アイテム」は、バレエ舞台の衣装を身につけたとき、稽古中で着用したときに、スタイルよく、華奢に見せるために、私自身も身につけていたアイテムです。

もちろんいまも、ふだんの生活で身につけています。

これらのアイテムをふだんの生活に取り入れるだけで、からだに「くびれ」を意識させ、ボディラインをスッキリ見せる「くびれマジック」が、少しずつ、起こっています。それも、ちょっといままでとは違うファッションスタイルを楽しみながら……。

あなたにも、そんなスタイルを楽しんでいただけたら嬉しいです。

おわりに――

「くびれ」はエレガントな人生の始まり

からだが変わると心が変わります。

あなたは、自分のことを受け入れ、自分を好きになることができ、自分に自信が持てる女性になります。

本書を最後までお読みくださり、ありがとうございました。

私は16歳のとき、腰痛でバレリーナの道を断念いたしました。

医者には、腰痛のため、仕事はもちろん、出産もできないだろうと言われ、自分の人生を見失いかけたこともありました。

でも、バレエが大好きだったので、プロになれないと診断されても、バレエが忘れられず、バレエの美しさや魅力に恋焦《こ》がれ、バレエへの情熱だけは、ずっと持ち続けて、バレエの素晴らしさを研究しつづけていました。

プロのバレリーナ（プリマ）として、舞台で踊ることは叶いませんでしたが、「日常」という舞台に大好きなバレエを持ち込み、楽しむこと。これが、私の生き甲斐となりました。

いまとなっては、腰痛でプロのバレリーナになれなかったおかげで、解剖生理学を研究し、腰に負担をかけず、コアな体幹や筋肉を使うことで、腰痛を軽減し、腰を強化して腰痛を改善していける方法や、バレリーナ特有の美しくスリムなボディラインをつくる方法、背中のまわりにある筋肉を少しずつ強くし、姿勢よく疲れにくいからだを保つための、素晴らしいバレエの知恵を、日常生活に生かすスタイルにたどり着くことができました。

いまは、腰痛はもちろん改善し、仕事もしていますし、出産も経験し、娘もおります。

腰痛になったからこそ、気づき得られたバレエの健康美です。

私は、自分のからだを通して、日常生活でバレエの知恵が「こんなに役に立つなんて！」と、とても驚きました。

私は、しだいに夢があふれて輝く「日常のバレエ」を自分だけでなく、バレエを見たこともない人、知らない人にもお役立ていただきたい！　そして、ご一緒に楽しみたいと思うようになりました。

そんな思いから、いまから15年前、バレエのエッセンスを日常生活に取り入れたエレガントな立ち居振る舞いを身につけるレッスンの教室を開きました。

通われる生徒さんは、バレエには憧れていたけれど、いままで習ったことも、見たこともないという方ばかり。20代から70代の女性が来てくださっています。

レッスンでは、レオタードは着ませんし、踊りませんし、ふだんの装いです。踊るためのバレエではなく、誰にでもできる「日常で美しくなるためのバレエのエッセンス」をお伝えしています。

私はバレエのエッセンスを通して、

「無理をせず、からだと心に問いかけ、ゆるやかに、日々を楽しみながら『自分磨き』を続けていくことが、生涯美しく健康であるために大切である」

ということを身をもって知ることができました。

その素晴らしさをお伝えしたいと思って、日々指導させていただいています。

「無理をせず、1日ひとつの美の気づき」

これが、くびれマジックの第一歩です。
そして、それが、エレガンスのはじまりです。
一人でも多くの方に、自分本来の輝きを日常で取り戻していただけるようにと願い、私は美の魔法の杖《つえ》を日々、振り続けています。

「痩せたからだより、輝く華やかなからだになる」
これが、くびれマジックです。

本書が、皆さんのからだの中にちりばめられて、まだまだ眠っている美の感性を掘り起こすきっかけとなれば、本当に幸せに思います。

本書を出版するにあたり、大変お世話になりました、きずな出版の皆様には、心から御礼を申し上げます。

この場をお借りし、これまで15年の間、あたたかく支えてくださいました多くの皆様に、心から感謝の言葉を捧げます。

誠にありがとうございました。

これからも、皆様のお役に立てるよう、美しくステキになるメソッドをたくさんお伝えしてまいります。

最後に、本書をお読みいただきましたあなたに、心より感謝の意をこめて……。

２０１８年9月吉日

マダム由美子

●著者プロフィール

マダム由美子
（まだむ・ゆみこ）

エレガンシスト。日本ハイヒール協会理事長。ハイヒール研究家。中世西洋文化研究家。恵泉女学園卒業。6歳からクラシックバレエをはじめ舞踏歴38年。バレエの要素を取り入れたエレガントな歩き方・立ち居振る舞い指導のパイオニア。独自のフィニッシングメソッド「プリマ・エレガンスコース」は、延べ5000人以上が受講し、例外なく美の変化が得られると好評を博している。現在、東京・大阪・名古屋でコース・レッスンを開講。
主な著書に『フランス女性に学ぶエレガンス入門』（きずな出版）、『ハイヒール・マジック』（講談社）、『1％の美しい人がしているたったこれだけのこと』『誰からも大切にされる人の美しい話し方』（WAVE出版）、『奇跡のエレガンス・ポーズ ダイエット』（青春出版社）などがある。

公式ホームページ
http://www.madame-yumiko.com/

「鼻呼吸」に変えるだけで、
あなたのウエストに奇跡が起こる「くびれ」マジック

2018年9月30日　初版第1刷発行

著　者　マダム由美子
発行者　櫻井秀勲
発行所　きずな出版
東京都新宿区白銀町1-13　〒162-0816
電話 03-3260-0391
振替 00160-2-633551
http://www.kizuna-pub.jp/

写　真　武重到
ブックデザイン　福田和雄(FUKUDA DESIGN)
編集協力　ウーマンウエーブ
印刷・製本　モリモト印刷

 ISBN978-4-86663-048-9

きずな出版